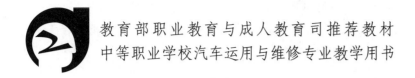

教育部职业教育与成人教育司推荐教材
中等职业学校汽车运用与维修专业教学用书

Qiche Guzhang Zhenduan Jishu

汽车故障诊断技术

（第3版）

全华科友　组织编写
弋国鹏　赵　龙　主　编

人民交通出版社股份有限公司
China Communications Press Co.,Ltd.

内 容 提 要

本书是教育部职业教育与成人教育司推荐教材,主要内容包括汽车故障诊断概述、汽油发动机检测与故障诊断、汽油发动机电控系统故障诊断、汽车底盘故障诊断、汽车电气系统故障诊断,并在章尾配有理论测试题。

本书适合中等职业学校汽车运用与维修专业的师生教学使用,也可供汽车维修、检测技术人员参考。

图书在版编目(CIP)数据

汽车故障诊断技术 / 弋国鹏,赵龙主编. —3版
. — 北京:人民交通出版社股份有限公司,2018.12
 ISBN 978-7-114-14981-8

Ⅰ.①汽… Ⅱ.①弋… ②赵… Ⅲ.①汽车—故障诊断—职业教育—教材 Ⅳ.①U472.42

中国版本图书馆CIP数据核字(2018)第203287号

书 名:	汽车故障诊断技术(第3版)
著 作 者:	弋国鹏 赵 龙
责任编辑:	李 良 郭 跃
责任校对:	张 贺
责任印制:	张 凯
出版发行:	人民交通出版社股份有限公司
地 址:	(100011)北京市朝阳区安定门外外馆斜街3号
网 址:	http://www.ccpress.com.cn
销售电话:	(010) 59757973
总 经 销:	人民交通出版社股份有限公司发行部
经 销:	各地新华书店
印 刷:	北京市密东印刷有限公司
开 本:	787×1092 1/16
印 张:	12.25
字 数:	259千
版 次:	2005年8月 第1版 2011年4月 第2版 2018年12月 第3版
印 次:	2018年12月 第3版 第1次印刷 总计第16次印刷
书 号:	ISBN 978-7-114-14981-8
定 价:	31.00元

(有印刷、装订质量问题的图书由本公司负责调换)

第3版前言

为深入贯彻《国务院关于加快发展现代职业教育的决定》以及教育部等六部委《关于实施职业院校制造业和现代服务业技能型紧缺人才培养培训工程的通知》精神，积极推进课程改革和教材建设，为中等职业教育教学提供更加丰富和多样化的实用教材，适应经济发展、产业升级和技术进步，满足交通运输业科学发展的需要，人民交通出版社股份有限公司和相关机构组织全国交通职业院校的专业教师，按照"专业设置与产业企业岗位需求对接、课程内容与职业标准对接、教学过程与生产过程对接、明显提升职业院校毕业生就业质量"的要求，依据教育部颁布的《中等职业院校汽车运用与维修专业领域技能型紧缺人才培养培训指导方案》，对教育部职业教育与成人教育司推荐教材进行了再版修订，供全国中等职业院校汽车运用与维修等专业教学使用。

此次再版修订教材符合国家对技能型紧缺人才培养培训工作的需要，体现了中等职业教育的特色，教材特点如下：

1. "以服务发展为宗旨，以促进就业为导向"，加强文化基础教育，强化技术技能培养，符合高素质中、初级汽车专业实用人才培养的需求；

2. 总结近几年教学改革经验，教材修订符合中等职业院校学生的认知规律，注重知识的实际应用和对学生职业技能的训练，符合中职院校教学与培训的需要；

3. 依据最新国家及行业标准，剔除上一版教材中陈旧过时的内容，教材修订量在20%以上，反映了新知识、新技术、新工艺。

《汽车故障诊断技术（第3版）》是中等职业学校汽车类专业的核心课程用书。本书是编者在多年从事汽车类专业课程教学及大量社会调研的基础上，充分考虑了目前国内中等职业教育教学的特点，紧密结合汽车新知识、新技术，以理实一体化的教学方法来组织编写的，有较强的针对性和实用性。

全书由弋国鹏、赵龙担任主编，参加本书编写工作的还有王会、高吕和、孙涛、安海权等。

在本书的编写过程中，编者参考了国内外大量资料与参考文献，再次，向相关作者致以最诚挚的谢意。由于编者水平有限，书中难免有不妥和错误之处，恳请广大读者批评指正。

编　者

2018年7月

CONTENTS 目录

单元 1　汽车故障诊断概述
- 1.1　汽车故障诊断基础 ·· 2
- 1.2　汽车故障诊断方法 ·· 5
- 1.3　汽车故障诊断设备 ·· 15
- 理论测试 ··· 30

单元 2　汽油发动机检测与故障诊断
- 2.1　发动机机体部分的检测和故障诊断 ······························ 36
- 2.2　发动机冷却系统故障诊断 ··· 40
- 2.3　发动机润滑系统故障诊断 ··· 42
- 理论测试 ··· 46

单元 3　汽油发动机电控系统故障诊断
- 3.1　汽油发动机的构成和工作原理 ···································· 50
- 3.2　发动机电控系统常见故障分析及诊断方法 ····················· 53
- 3.3　发动机电控系统主要部件的检测和故障诊断 ·················· 79
- 理论测试 ··· 122

单元 4　汽车底盘故障诊断
- 4.1　离合器的故障诊断 ·· 128
- 4.2　手动变速器的故障诊断 ·· 135
- 4.3　自动变速器的故障诊断 ·· 139
- 4.4　行驶系统的故障诊断 ··· 146
- 4.5　转向系统的故障诊断 ··· 151
- 4.6　制动系统的故障诊断 ··· 155

4.7 防抱死制动系统（ABS）的故障诊断 ················ 159
理论测试 ················ 161

单元 5 汽车电气系统故障诊断

5.1 汽车空调系统故障诊断 ················ 166
5.2 汽车安全气囊系统故障诊断 ················ 177
5.3 汽车发动机起动系统故障诊断 ················ 178
5.4 汽车发动机充电系统故障诊断 ················ 182
理论测试 ················ 186

参考文献 ················ 188

单元1

汽车故障诊断概述

● 知识目标：

1. 了解汽车故障的成因及变化规律，正确叙述汽车故障诊断常用的方法；
2. 掌握汽车故障诊断的方法，了解汽车故障诊断注意事项；
3. 熟悉常用检测诊断设备仪器的分类方式、可实现的功能及各自的适用范围；
4. 熟悉常用检测诊断设备仪器的基本操作步骤。

● 能力目标：

1. 能进行汽车故障的成因判断；
2. 能够正确运用直观诊断法对汽车的某些典型故障进行初步分析诊断；
3. 熟悉基本常用检测设备的操作步骤。

● 建议学时：

6学时

随着科学技术的发展、制造业的进步及人民生活水平的不断提高，现代汽车的功能越来越齐备，结构越来越复杂，零部件数量越来越多；此外，作为一种在移动中完成工作的机械，与其他机械设备相比，汽车的使用条件较为恶劣，既要经受风吹雨淋日晒，又要承受温度的剧变和剧烈的振动。因此，汽车在使用过程中，由于种种原因，其车辆状况会不可避免地发生变化，有时甚至导致汽车发生故障。

汽车在使用过程中出现故障，其原因有主观方面的，也有客观方面的。主观方面主要包括设计制造、材料选择、自然老化等；客观方面主要包括工作条件、使用维护等。汽车故障一旦出现，就应借助一定的方法手段，利用必要的仪器设备，通过正确的逻辑判断，查找出导致故障出现的真正原因，并及时予以排除，使汽车尽快恢复正常工作状态，以利于延长汽车使用寿命，提高工作安全性。

1.1 汽车故障诊断基础

汽车故障是指汽车部分或完全丧失工作能力的现象。绝大多数汽车故障的发生，都是因为汽车零件本身或零件之间配合状态发生了问题。汽车故障虽然类型较多，且故障的产生从一定程度上来看似乎有很大的偶然性，令人难以捉摸，然而，汽车故障自有其变化规律，绝大多数故障都是有迹可循的。

1.1.1 汽车故障的分类

按不同的分类方法，汽车故障可分为不同类型，见表1-1。

汽车故障类型表　　　　　　　　　　　　表1-1

分类方法	故障类型	定义
按照造成故障的性质分类	自然故障	汽车在正常使用和维护的条件下，由于不可抗力因素而造成的故障，例如零件的老化等
	人为故障	由于人为原因而造成的故障，例如设计缺陷、加工失误、操作失误等
按照丧失工作能力程度分类	局部故障	汽车部分系统或总成丧失工作能力，而其他系统功能正常
	完全故障	导致汽车完全丧失工作能力的故障，尽管故障只发生在某一系统或总成
按照故障的性质分类	一般故障	能及时、较方便排除的故障，或不影响行驶的故障
	严重故障	影响汽车行驶的故障，或会造成严重后果的故障
按照故障发展速度分类	突发性故障	在发生故障前没有可以觉察的征兆，故障现象是突然出现的，这是各种不利因素以及偶然的外界影响共同作用的结果，这种作用超出了产品所能承受的限度而导致故障发生，例如轮胎爆裂、钢板弹簧断裂等
	渐变性故障	故障现象的发生是循序渐进的，其程度由弱到强逐渐形成，通常与使用时间相关联，随着使用时间的延长，故障逐渐显现，例如发动机异响、燃油消耗增大等
	偶发性故障	故障发生后，故障现象时有时无，在诊断这种故障时需要模拟故障发生时的工况条件和环境，获取故障诊断参数比较困难，例如发动机偶发性熄火、发动机偶发性抖动等

续上表

分类方法	故障类型	定义
按照故障存在的时间分类	永久性故障	故障发生后,故障现象始终存在,这样的故障可以很方便地对诊断参数进行在线采集,例如发动机某个汽缸始终不工作等
按照故障影响性质分类	功能故障	致使预定功能不能实现的故障,这种故障往往是由于个别零件损坏造成的,例如起动机损坏导致发动机无法起动
	参数故障	某个器件工作参数超出标准值,但并未导致功能完全丧失的故障,例如点火正时稍微超出标准值,但并未导致点火过早或过晚的故障现象出现
按照故障发生系统的数量分类	单系统故障	在汽车某一部分或某个总成上只有一个系统出现故障,例如故障只发生在发动机点火系统,但故障现象为发动机无法起动
	多系统故障	汽车某一部分或某个总成有多个系统同时出现故障,例如发动机点火和燃油系统同时出现故障,造成发动机无法起动
按故障可能造成的后果分类	非危险性故障	不会引起车辆及零部件损坏、人身伤害或财产损失的故障
	危险性故障	有可能引起人身伤害、车辆损坏及财产损失的故障,这类故障是故障诊断和预防的重点内容

1.1.2 汽车故障的成因

汽车在使用过程中难免会产生各种各样的故障,造成这些故障的原因有来自车辆本身的原因,也有来自使用者或运行环境的原因,而零件的失效是引起汽车故障的主要原因,这其中有设计制造、工作条件、使用维护和自然失效四个方面的因素。

一、在零件设计和制造过程中存在缺陷

设计不合理是汽车零部件损坏及导致汽车出现故障的根源之一。如轴类零件截面变化缺少过渡、孔类及槽类零件截面削弱等都会造成应力集中,从而引起汽车零件的早期损坏;某些零部件在设计时未考虑汽车复杂的运行环境和运行状态,导致汽车在工作时机件发生摩擦、剐蹭、冲击等,使零件产生损坏,从而引发汽车故障。

材料选择不当也必然会引发汽车故障。在选择零件材料时要综合考虑其强度、硬度、韧性及耐磨、耐热、耐腐蚀性等多种性能,否则,由于某些方面不能满足实际要求,必然会引起故障。

制造质量不过关亦可引发汽车故障。零件制造工艺不合理、加工过程操作不当、加工及装配精度不够等,均会影响汽车零件的力学性能,从而使汽车产生故障。

二、工作条件复杂

汽车故障与汽车零部件的工作条件有着至关重要的关系。工作条件包括受力状况和工作环境两方面。汽车零件在汽车故障的成因工况中有可能承受弯曲、拉伸、压缩、扭转、冲击、振动等多种载荷的作用,有些零件工作条件十分恶劣,甚至同时承受多种载荷的复合作用,当这些载荷超过零件承受极限或载荷的作用达到一定次数时,将导致汽车零件的失效。

有些汽车零件在不同工作介质及工作温度下工作,这将引起零件的应力变形、磨损、腐蚀及材料性质发生变化等状况发生,使汽车的零部件发生损坏。

三、使用维护不当

当汽车出厂后,其使用寿命和故障发生率在很大程度上取决于对汽车的正确使用和维护。在使用汽车的过程中应做到:正确使用、定期检测、周期维护、视情修理。使用中违反操作规程、超速、超载、燃润料不合理或变质、不按规定进行定期检测及维护等均会造成汽车零件的不必要损坏。

四、自然失效

汽车作为一种运输工具,长期在各种条件下工作,其零件材料自然会发生渐进性的变化,使零件的形状、尺寸、表面乃至内在质量、配合副的相互位置及配合性质等,将会产生不可逆转的变化,造成零部件、总成及整车技术状况下降,严重的还会因零件的断裂等造成行车事故,带来不可估量的损失。材料的自然失效(也称老化),尤以橡胶和塑料最为严重,因此,在进行总成修理时,必须更换所有橡胶类零件。一些重要的橡胶件,如各种膜片、某些橡胶密封圈及垫片等,必须按维修资料的规定及时更换,以免引起汽车故障,酿成严重交通事故。

1.1.3 汽车故障的变化规律

汽车故障的变化规律,可用汽车的故障率随汽车行驶里程的变化关系来表示。汽车的故障率是指当汽车使用到一定里程时,在单位行驶里程内发生故障的概率。故障率也称失效率,它是衡量汽车可靠性的一个重要参数。

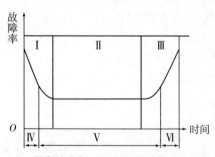

Ⅰ—早期故障期;Ⅱ—随机故障期;Ⅲ—耗损故障期;Ⅳ—磨合期;Ⅴ—正常使用期;Ⅵ—即将报废期

图1-1 汽车机械装置的故障率曲线

如图1-1所示为汽车机械装置的故障率曲线,它可以反映出汽车机械装置的故障率随时间变化的规律。

一、早期故障期

汽车的早期故障期相当于汽车的磨合期。在此阶段,由于汽车零件的磨损量较大,因此故障率较高,但总的趋势是在这段时期内,随着汽车行驶里程的增加,汽车的故障率逐渐降低。

二、随机故障期

随着早期故障期的结束,零件的磨损进入稳定时期。在此阶段,汽车及总成的技术状况处于最佳状态,故障率低而且相对稳定,故称随机故障期。随机故障期是汽车的有效使用时期。在随机故障期,故障的发生是随机性的,其原因一般是因为材料隐患、超载运行、制造缺陷、润滑不良、使用不当及维护欠佳等因素所致。

三、耗损故障期

随机故障期结束后，大部分零件磨损量过大，加之交变载荷长期作用及零件老化，各种条件均不同程度恶化，使磨损量急剧增加，汽车及各总成状况急剧变差，故障率迅速上升。此时，应及时进行维修，以免导致汽车及总成损坏，甚至出现严重事故。因此，在实际使用中，必须以汽车故障率曲线为依据，制订出合理的维修周期，以恢复汽车的使用性能。

1.2 汽车故障诊断方法

故障诊断按照诊断的程度可以分为初步诊断和深入诊断。初步诊断是根据故障的现象，判断出故障产生原因的大致范围。深入诊断是根据初步诊断的结果对故障原因进行分析、查找，直到找出产生故障的具体部位。

汽车故障诊断常用的方法有：直观诊断、利用自诊断系统进行诊断、利用诊断仪器进行诊断、备件替代诊断、故障征兆模拟诊断和利用故障树进行诊断。

1.2.1 直观诊断

汽车故障的直观诊断也称人工诊断或经验诊断，其方法是通过道路试验和直观检查的方法来确定汽车的技术状况和故障。这种诊断方法的优点是不需要专用设备，成本花费少；缺点是诊断的速度比较慢，而且不准确，需要经验丰富的技术人员，同时诊断对象仅适于查找比较明显的故障。通常情况下，直观诊断法可以概括为问、看、听、嗅、摸、试六个字。

（1）问：就是调查。接到故障车后，首先要向驾驶人详细询问车辆的行驶里程、行驶状况、行驶条件、维修情况、故障先兆迹象、故障属突变还是渐变等信息。即使是具有丰富经验的维修技术人员，不问明情况去盲目诊断，也会影响到诊断速度和质量。

（2）看：就是通过眼睛对整车或相关部位进行观察，发现汽车比较明显的异常现象。如看排气的颜色、看漏油严重程度、看机油变色情况、看损坏部位等，都能判断出某些故障。

（3）听：就是听声响，从而确定哪些是异常响声；汽车整车及各总成、各系统在正常工作时，发出的声音一般都是有一定规律的，通过仔细辨别能大致判断出声音是否正常，从而判断异响的部位和故障所在。

（4）嗅：就是凭借汽车故障部位散发的特殊气味来诊断故障，有些故障出现后，会产生比较特殊的气味，据此可以准确地判断故障部位所在。如电路短路的焦味、制动片的焦味、燃烧不完全的油烟味等。

（5）摸：就是用手触试。手摸可以直接感觉到故障部位的发热情况、振动情况、漏气及零件灵活程度等，从而判断出部件是否打滑、咬死、烧坏等。

（6）试：就是试验验证。如诊断人员可亲自试车去体验故障的部件，用单缸断火法断定发动机异响的部位，可用更换零件法来证实故障的部位。

以上六个方面，并非每一种故障诊断均需执行，不同的故障可视其具体情况灵活运用。在检查和排除故障时，一定要注意安全。

直观诊断方法，要求进行故障诊断操作的人员必须首先掌握被诊断系统的结构和工作原理，对其可能产生故障的现象、原因有一定的了解，并能掌握关键部件的检查方法及出现故障的可能。直观诊断方法由于受诊断者的经验和对诊断车辆的熟悉程度限制，诊断结果差别较大。经验丰富的诊断专业人员，可以利用直观诊断方法诊断出汽车及各总成可能出现的绝大多数故障。在诊断无故障码故障或用检测设备难以诊断的疑难故障方面，直观诊断法具有其他各种诊断法无可比拟的优点。

1.2.2 利用随车故障自诊断系统进行诊断

随车自诊断系统具体功能可归纳为以下四点：

（1）及时地检测出电子控制系统出现的故障，并可以用默认值替代不正常的传感器数据，以保证系统能够持续运转。

（2）将故障信息以代码形式存储在发动机控制模块内，同时还可以显示故障代码出现时相关的数据参数。

（3）通知驾驶人电子控制系统已出现故障，通常为点亮仪表板上专设的"系统故障指示灯"。

（4）维修时，技术人员可将存入存储器的故障代码调出，为维修人员快速诊断出故障类型提供信息。

一、随车故障自诊断系统诊断的意义

随车诊断系统的目的是：在车辆的排放系统有故障时提示车主注意，使维修技术人员快速地找到故障来源，减少汽车尾气对环境的污染。

二、自诊断系统的分类

第一种：在20世纪80年代至90年代初期，汽车上广泛采用的自诊断系统，按照美国标准称为第一代车载自诊断系统，或第一代随车自诊断系统，OBD-Ⅰ(On-Board Diagnostics-Ⅰ)系统。

第二种：1994年，美国汽车工程师学会(SAE)，倡导提出了第二代车载自诊断系统，一般称为 OBD-Ⅱ(On-Board Diagnostics-Ⅱ)系统。

三、OBD-Ⅰ系统

主要包括以下三个功能。

（1）故障指示灯的提示功能。

（2）主要监测以下系统：

①主要的输入传感器;
②燃油计量系统;
③EGR(废气再循环)系统;
④电路的断路和短路。
(3)系统特点:
①各种车型的诊断插座的位置和形式、故障码的定义、故障码和数据流的读取和显示方法、通信协议等各不相同;
②某种故障诊断仪(解码器)常常只适用某个或几个车型,对另外一些车型就可能不适用,通用性较差。

四、OBD-Ⅱ系统

OBD-Ⅱ系统,世界各个汽车制造厂商均采用标准的16针诊断座、相同的故障代码定义方法以及共同的资料传输标准(SAE或ISO)。同时,OBD-Ⅱ还能提供与尾气排放控制有关装置的监控数据。这样做的目的是强制监视车辆的尾气排放量。

1994年全球约有20%的汽车生产厂家采用了OBD-Ⅱ标准,1995年有40%的汽车生产厂家采用OBD-Ⅱ标准,从1996年起,全球所有的汽车生产厂家都已全面采用OBD-Ⅱ标准。

(1)与OBD-Ⅰ系统相比,OBD-Ⅱ还增加了以下功能:
①三元催化转换器效率监测;
②发动机失火监测(缺缸);
③炭罐净化系统监测(EVAP);
④二次空气喷射系统监测;
⑤EGR系统流量监测;
⑥诊断系统中必须包含串行数据流和故障码。

(2)系统特点。

OBD-Ⅱ系统不仅使诊断测试模式、故障码、诊断插座、诊断(扫描)工具等有关诊断系统的内容得到统一,同时也对自诊断系统提出了更高的要求,特别使有关排放监测、诊断内容的要求更严。

(3)OBD-Ⅱ系统的目标和要求。

OBD-Ⅱ系统要求提供:
①统一诊断座;
②统一诊断座位置;
③解码器和车辆之间采用标准通信协议;
④统一故障代码含义;
⑤具有行车记录功能,这个功能是汽车专用解码器通过OBD-Ⅱ诊断口,将汽车运行中各传感器和执行元件的工作参数直接显示出来,这对分析和检查故障非常有效;

⑥监控排放控制系统：

a. 三元催化转换器的监控。如图1-2所示，OBD-Ⅱ系统依据安装在三元催化转换器前后两个加热型氧传感器的信号，监测三元催化转换器的工作效率。通过这两个氧传感器的信号对比，发动机控制模块就能够计算出三元催化转换器中的氧气含量，一个工作良好的三元催化转换器，其后面的氧传感器信号很少或没有跨越其中值，而三元催化转换器前的氧传感器信号则呈现周期性的中值，这一点可以通过双通道示波器来观察。

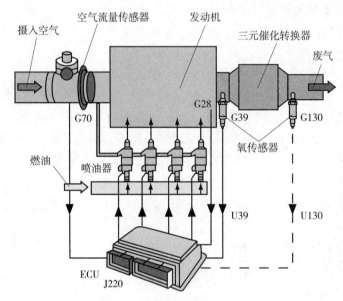

图1-2 三元催化转换器的监控原理

b. 失火（缺缸）监控。汽缸燃烧较差会导致发动机失火。如果压缩不够、油量控制不精确或者火花强度不够，都会导致排气管的HC含量上升。此外，HC含量增加会使三元催化转换器工作负荷过度，加速三元催化转换器失效的过程。因此，OBD-Ⅱ诊断系统就必须能够及时准确地监控和提示驾驶人发动机失火（缺缸）。

汽车制造厂商通常监控失火最主要的方法是根据汽缸在失火时会导致燃烧压力下降，从而使活塞运动速度减慢，曲轴的转动速度也会下降，那么发动机控制模块利用曲轴位置传感器的信号就能够识别发动机是否失火（缺缸）。同时借用凸轮轴位置传感器的信号，发动机控制模块还能判断出是哪个汽缸失火（缺缸），如图1-3所示。

⑦解码器能够读取故障代码、记录数值、清除故障代码等；

⑧标准的技术缩写术语，定义系统的工作元件。

五、自诊断系统的局限性

（1）并不是所有控制系统的电路都能被监测。

（2）故障代码仅能指示传感器、执行器、控制模块或其电路中的某个区域存在故障，具体的故障位置必须要按照规定的步骤进行诊断和分析。

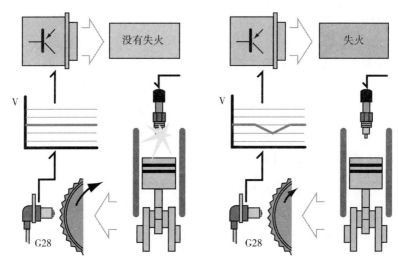

图1-3 发动机失火（缺缸）的监控原理

（3）有些间歇性故障，控制模块可能无法监测到，在这些情况下，即使控制系统顺利通过了"自诊断检查"，系统也不一定就没有故障。因此，最好采用症状检测的方法进行故障诊断。

1.2.3 利用诊断仪器进行诊断

随着电子工业技术的发展，汽车的功能和结构越来越复杂，传统上靠人工进行故障诊断的方法，已经不适合维修的需要，技术人员往往需要借助各种检测设备获取能反映整车、系统、总成或元件工作性能的技术参数，来分析故障所在。这些诊断仪器包括万用表、示波器、汽缸压力表等常用仪表，以及汽车专用万用表、汽车专用示波器、发动机综合分析仪、无负荷测功仪、四轮定位仪、汽车专用解码器等汽车专用诊断仪器。如图1-4所示为博世740发动机综合分析仪，它具有汽车专用解码器、汽车专用示波器、尾气分析仪的基本功能并能提供智能化的诊断信息。

通过这些设备可以对电控系统和电气装置的故障进行深入诊断，可以大大提高汽车故障诊断效率，但专用诊断设备成本较高，一般适用于专业化的故障诊断和较大规模的汽车维修企业。

1.2.4 利用备件替代法进行诊断

备件替代法是采用对机械零部件或电器元件进行互换或用已知性能完好的器件进行替换的对比试验方法。当怀疑某个器件发生故障时，可用一个好的器件去替换该器

图1-4 博世740发动机综合分析仪

件，然后进行试验。这些器件可以来自车辆本身，也可以来自同型号的其他车辆，也可以来自器件库。替换后若故障消失，证明判断正确，故障部位确实在该处；若故障特征没有变化，证明故障不在此处；若故障有好转但未完全排除，可能除了此处故障外，还存在其他故障点，需进一步查找。备件替代法是一种行之有效的常用方法，但此方法要求准备较多的备件，而且还必须和原车零部件型号一致，这样做会使库存增加，加大维修成本。

1.2.5　利用故障征兆模拟诊断

对于偶发性故障，故障征兆模拟试验是一种行之有效的诊断措施。在故障诊断中常常会遇到偶发性故障，这种故障在平时没有明显的故障征兆，特殊条件下才偶然出现。因此，要对这种类型的故障现象进行诊断，就必须首先模拟车辆出现故障时相似的条件和环境，设法使故障特征再现。

在故障征兆模拟试验中，首先必须把可能发生故障的范围缩小，然后再进行故障征兆模拟试验，判断被测试的器件工作是否正常，同时也验证了故障征兆。在缩小故障征兆可能性时应参考相关系统的故障诊断表或故障树。

在进行故障征兆试验时，可以进行加热、加湿、加载、加振等试验。对于只有在热车及天气炎热时才发生的间歇性故障，就可以用对元件、总成或整个车辆进行加热的方法来进行试验，在加热时要考虑加热是否对元件有损坏；对于只有在雨天或空气潮湿时才出现的故障，则可以用喷雾器局部加湿，也可以采用喷淋器或高压水枪对整车进行淋水，来进行故障再现；对于只有在特定负载条件下才会出现的故障，则可以通过改变机械或电器负荷的办法来再现故障；有些故障只有在车辆或总成发生振动才出现，此时可以用振动相关部件或车辆总成的方法来再现故障，以便进行测量。

1.2.6　利用故障树进行诊断（中职学生可选择性教学）

对于较复杂的故障，或属于比较生僻的故障，由于可能导致故障的原因较多，因此，单靠经验或简单诊断，在一般情况下很难解决问题，此时必须借助一定的设备仪器，按照一定的方法步骤，对故障进行全面细致的检查和分析，逐步排除可能的故障原因，最终找到真正的故障部位，这就是用故障树诊断法进行诊断。故障树诊断法又称故障树分析法，是将导致系统故障的所有可能原因，按树枝状逐级细化的一种故障分析方法。故障树诊断法特别适用于像汽车这样的复杂动态系统的故障分析。

应用故障树诊断法的关键是建立故障树。首先在熟悉整个系统的前提下逐步分析导致故障的可能原因，然后将这些原因由总体至局部、由总成到部件、由前到后（按工作关系）逐层排列，最后得出导致该故障的多种原因组合，用框图形式画出即为故障树，如图1-5所示。

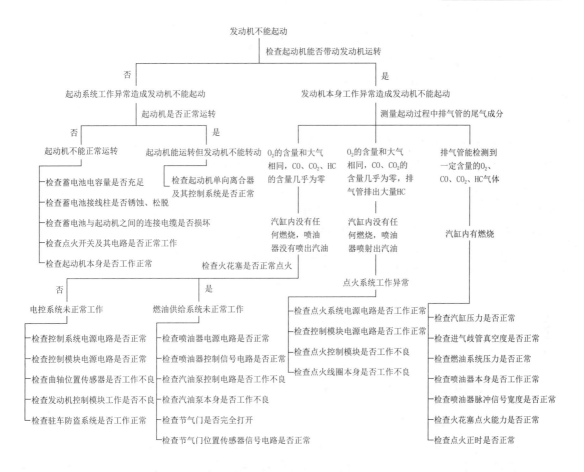

图1-5 发动机不能起动的故障分析过程

用故障树诊断法进行故障诊断时应注意,一定要按照导致故障的逻辑关系进行逐步检查分析,否则,就会出现遗漏或重复性的工作,甚至出现查不出故障原因的现象。

需要说明的是,以上各种诊断方法各有其优缺点,每一种故障诊断方法并不能被其他诊断方法完全取代。在实际应用中,应根据客观条件情况,灵活使用各种不同的诊断方法,使它们之间互为补充,提高汽车故障诊断的准确性。

1.2.7 汽车故障诊断的基本步骤

汽车故障诊断的基本思路是从问诊入手了解症状,经过试车验证症状,通过分析搞清原理,再推理假设出可能原因,最后经过测试验证故障点是否成立的全过程,如图1-6所示。当验证的环节证明假设的故障点不成立时,应该返回到前一个环节提出新的假设,然后再去验证。当提不出新的假设时,就要再向前一个环节进行重新分析,如果重新分析还得不到更新的假设,就要再向前一个环节,应更加仔细地试车以发现新的特征,必要时还可以进一步重复问诊过程以了解更多的信息,重新提出新的假设并加以验证,直至发现真正的故障点为止。这就是汽车故障诊断的基本思路。

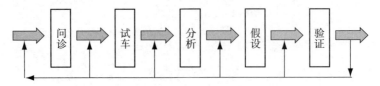

图1-6　汽车故障诊断的基本思路

基于上述诊断思路,我们就可以制订出完备的汽车故障诊断基本流程。基本流程是汽车故障诊断过程中最基础的诊断过程,是对诊断内容的概括和总结,汽车故障诊断基本内容包括从故障症状出发,通过问诊试车(验证故障症状)、分析研究(分析结构原理)、推理假设(推出可能原因)、流程设计(提出诊断步骤)、测试确认(测试确认故障点)、修复验证(排除故障后验证),最后达到发现故障最终原因的目的,如图1-7所示。

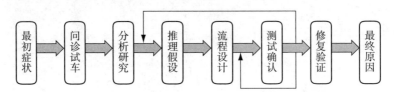

图1-7　汽车故障诊断的基本流程

一、识别待测车辆及确认故障症状

❶ 识别待测车辆的方法

(1)通过车辆的身份识别代码确认车辆。

如图1-8中箭头所示为车辆识别代码在车辆上的位置,几乎所有轿车的身份识别代码都在这个位置上,有的车辆在发动机舱的防火墙上或驾驶人侧门框上也能看到车辆身份识别代码,下面以某轿车上的身份识别代码来讲解其特殊含义。

图1-8　车辆识别代码的位置

例如:WAUFA08D2TN123456

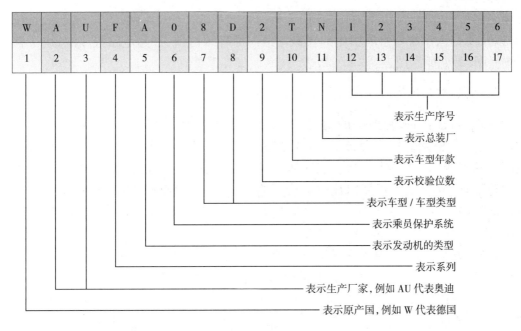

（2）通过车身覆盖范围表来确认车辆。

例如：A6 4A AFC（2.8L）A SFI EI

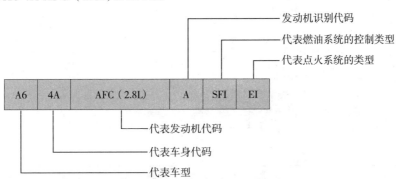

通过对车辆的正确识别，就可以获取正确的技术资料，从而清楚车辆的结构和工作原理，以及掌握适合该车的诊断信息，做到有的放矢。

2 确认故障症状

确认故障很关键的第一步就是确认故障症状，故障症状可以分为：可感觉到的性能和功能发生改变的症状、可觉察到的外观和状态发生改变的症状、可检测到的参数和指标发生改变的症状。上述这些故障可以通过问诊驾驶人和试车的方法确认。

二、通过分析研究了解系统的结构和工作原理

分析研究是在问诊试车后根据故障症状，对汽车的结构和原理进行深入研究分析，目的在于分析故障生成的机理、故障产生的条件和特点，为下一步找出故障原因作准备。分析研究首先要收集汽车发生故障部位器件机构原理资料，了解汽车正常运行的条件和

规律，并且与故障状态进行对比分析，分析研究的基础材料是车辆结构与原理方面的知识，以及所修汽车维修手册提供的机械与液压原理结构图、油路电路气路图、电子控制系统框图、控制原理图表、技术参数表、技术通报等重要信息。

三、通过故障树的方法推理假设故障原因

推理假设时对故障原因的初步判断，这个初步判断是基于理论和实践两个方面的，理论上是根据结构原理知识，加上故障症状的表现，再从逻辑分析出发推出导致故障症状发生的可能原因，这个推导从原理上是能够成立的逻辑推理，这是基于理论的逻辑推理。实践上是根据以往故障诊断的经验，对相同或相似结构的类似故障作出的可能故障原因的经验推断，这个推断具有类比判断的性质，这就是基于实践的经验推断。

推理假设的过程是从大方向上寻找故障原因的过程，这个过程探究的是故障基本机理和基本方向，因此，采用因果关系分析法的主干、枝干图解能帮助建立分析过程的逻辑推断，因果分析法在推理假设阶段是最好的辅助工具，如表1-2所示。

故障推理示例　　　　　　　　　　　　　　　　　　表1-2

故障症状	发动机排放冒黑烟					
原因第一层	混合气过浓					
原因第二层	燃油过多			空气偏少		
原因第三层	油压高		喷油时间长		空气滤清器堵塞	进气量检测失准
原因第四层	油泵功率过大	油压调节器工作不良	喷油器脉冲宽度过大	喷油器关闭不严	…	…
原因第五层	…	…	…	…	…	…

四、编写诊断流程（中职学生可选择性教学）

诊断流程的设计是在推理假设环节之后，根据假设的可能故障原因，设计出实际应用的故障诊断流程图的过程，这个过程是在建立以故障症状为顶端事件的故障树后，编写故障诊断流程图表。实际上就是在推理假设的基础上增加各种检测方法，这主要是为了逐步缩小故障怀疑范围，最终锁定故障点。

从故障树演变为流程图的关键在于：怎样确定每一层平行实践诊断的先后顺序；怎样判定某一个中间事件或低端事件是否成立的方法。汽车故障诊断流程图表的设计是汽车维修技术人员必须掌握的汽车故障诊断工艺设计技术，它是汽车维修工作中技术层面最高的技术工作，汽车故障诊断流程图表设计的基础是故障树分析法，汽车故障诊断流程图表是故障树分析法的延伸推广应用，在汽车维修工程中，故障诊断流程图表具有十分重要的地位和意义。

五、进行测试确认

测试确认是在故障诊断流程设计之后，按照流程设计的步骤，通过测试的手段逐一测试确认中间事件或底端事件是否成立的过程。测试过程是从最高一层中间事件逐一到最低一层中间事件，然后再到底端事件，直至确认故障点部位的全过程。

测试确认是在不解体或只拆卸少数零部件的前提下，完成的对汽车整体性能、系统或总成性能、机电装置性能、管线路状态以及零部件性能的测试过程，它包含检测、试验、确认三个部分，这三个部分的内容是不一样的。检测主要指通过人工直观查看和设备仪器分析进行的技术检查过程；试验主要指通过对系统的模拟实验和动态分析进行的技术诊断过程；而确认主要指通过诊断流程的逻辑分析、对检测和试验的结果作出判断，最后确认故障发生点的部位。

下面为各个系统常用的测试方法：

（1）燃油供给系统。
①燃油系统压力的测试；
②喷油器的测试。
（2）压缩部分。
①汽缸功率平衡测试；
②发动机真空度测试；
③压缩试验；
④汽缸漏气试验。
（3）燃油喷射系统的测试。
①利用氧传感器的信号波形进行检测与故障诊断；
②利用喷油器的喷油脉冲宽度信号波形进行检测与故障诊断；
③利用尾气分析仪对燃油喷射系统进行检测与故障诊断；
④利用汽车专用故障诊断仪对燃油系统进行检测与故障诊断。
（4）点火系统的测试。
①点火正时的检测和故障诊断；
②次级点火波形的检测和故障诊断；
③初级点火波形的检测和故障诊断。

六、排除故障后进行维修验证

此过程是在修理完成后，通过试车的方法确认诊断和修理是否达到预期。

1.3 汽车故障诊断设备

汽车故障的出现主要是由于汽车技术状况的变化引起的，而汽车的技术状况是可以通过对状态参数的物理或化学特征变化的测量来反映的。因此，可用一定的诊断设备或仪器对汽车的技术状况加以诊断，从而找出导致汽车产生故障的原因，及时进行排除。

由于汽车故障诊断设备是根据汽车各个系统的结构特征和工作原理而专门设计的，因此其针对性比较强，一般只能用来测定某一系统或某一方面的故障参数。根据汽车的诊断方法，汽车诊断设备可以分为：通信式计算机测试设备、在线式电路测试设备、对比性元件测试设备和综合测试设备。下面就常用的汽车诊断设备进行介绍。

1.3.1 听诊器

汽车专用听诊器的作用主要是用来测量特定部位特定频率的声音，用来鉴别车辆部件和系统的运行是否正常；根据听诊器的传声原理，可以分为机械式汽车专用听诊器（图1-9）和电子式汽车专用听诊器（图1-10）两种。

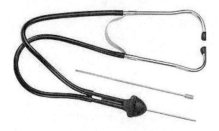

图1-9　机械式汽车专用听诊器　　　　图1-10　电子式汽车专用听诊器

1.3.2 真空表

如图1-11所示为真空表的示意图，通过使用真空表可以测试进气歧管真空度，从而可以鉴别发动机机械系统（例如进气、排气系统）的工作是否正常，也可以测量特定靠真空伺服控制的执行系统工作是否正常，这有助于我们快速排除各种类型的汽车故障。

1.3.3 燃油压力表

如图1-12所示为燃油压力表的示意图。通过测试发动机燃油系统的压力，可以检查燃油供给系统，包括汽油泵、滤清器、燃油压力调节器、喷油器、进油管、回油管等的工作是否正常，也可以用来测试特定部位的压力，例如排气管的压力是否符合要求。

图1-11　真空表　　　　图1-12　燃油压力表

1.3.4 喷油器平衡性测试仪

如图1-13所示为利用喷油器平衡性测试仪测试喷油器工作性能的示意图,在发动机运行过程中,喷油器以很高的频率在重复着打开和关闭的状态转换,这必然会造成针阀和阀座的磨损,另外汽油中的重馏分也会在喷油器内外形成积炭,这些改变都会造成喷油器的工作性能发生变化。如果不及时发现和排除这些故障,必然造成发动机的性能下降,例如,发动机起动困难、怠速不良、动力不足等。因此,必须对喷油器进行全面的诊治,通常情况下是利用喷油器平衡性测试仪来对喷油器进行测试。需要测试的内容包括:

(1)测量喷油器单位时间内的喷油量是否符合要求。
(2)测量喷油器的喷射角度是否合适。
(3)测量喷油器的密封性是否良好。
(4)利用超声波技术对喷油器内部的积炭进行清洗。

图1-13 专用测试仪测试喷油器

1.3.5 电路测试仪

如图1-14所示为测量电路是否断路或短路的专用仪器,对电路进行短路或断路检测是汽车电路检测过程中经常遇到的问题,但传统的测试手段有时费时费力,而且对车辆有一定的破坏。但在现实的维修作业过程中,对于汽车电工来说,更多的时间是对电路故障的检测,特别是事故车的短路/断路故障,而这类故障检测起来非常困难,即使有经验的维修人员也只能大致地判断出几点可能,最后还要去"扒"这段电路,而如果没有经验的维修人员,则只能一根一根地去"捋",这样费时费力,却不一定有效,汽车短路/断路检测仪就是专门为检测汽车电路而开发的检测仪,它是利用无线电发射和接收的原理来测试电路的断路和短路故障。

其主要用途是:
(1)快速查找汽车电路短路线路点。
(2)快速查找汽车电路断路线路点。
(3)跟踪导线。
(4)快速查找导线漏电。

图1-14 电路测试仪

1.3.6 点火正时灯

如图1-15所示为汽车检测和故障诊断过程中经常使用的点火正时灯,它可以测试发动机在特定工况条件下,发动机的点火提前角是否满足技术要求。点火正时灯是由高亮度发光二极管和电阻器组成,使用点火线圈次级点火电流作为触发点。其工作原理是:当发动机一缸火花塞点火时,点火正时灯上的电容式检测夹能同时监测到点火时刻信号，触发高亮度发光二极管闪烁，照射在发动机前端的正时刻度盘上，肉眼就可以读取到点火提前角。有些点火正时灯上带有数字显示屏，可以即时显示测试结果，对于这种类型的点火正时灯，需要调整点火正时灯上面的提前、滞后旋钮，使点火正时灯闪烁时，点火正时灯、正时标记点、正时刻度盘的"0"刻度保持一条直线，此时点火正时灯上显示的数值即为点火提前角。

1.3.7 汽车专用万用表

如图1-16所示为汽车维修过程中经常使用的汽车专用万用表，它是在普通数字万用表的基础上，增加一些适合汽车某些特性参数测试的功能，以使之更加适合汽车检测与故障诊断之用。

图1-15 点火正时灯

图1-16 汽车专用万用表

一、测试内容及量程（表1-3）

测试内容及量程　　　　　　表1-3

测试内容	测试量程	测试内容	测试量程
直流电压	0.1mV~600V	脉宽(ms)	0.002~1999.9
交流电压	1mV~600V	闭合角(°)	0~356.4
转速(r/min)	30~9000	占空比(%)	0~99.9
电阻(MΩ)	0~40	通断测试	4kΩ 量程下小于100Ω，有提示音
频率	0.5Hz~200kHz	温度(℃)	-40~130

二、显示屏介绍

如图1-17所示为汽车专用万用表的显示屏幕，它由数字显示区域和条形图显示区域两部分组成。其中数字显示区域在仪器开机后，所有内容都将在屏幕显示出来，完成自检后，屏幕显示每秒更换4次；条形图显示区域：条形图显示每秒更换20次，在数据变化比较快的情况下这种显示比较有用，而条形图在测量转速、脉宽、闭合角、占空比和频率的时候不显示。

三、万用表控制键

如图1-18所示为汽车专用万用表常用的控制键,每个按钮的功能见表1-4。

图1-17 汽车专用万用表显示屏幕

图1-18 汽车专用万用表常用的控制按钮

万用表控制键及功能　　　　　　　　表1-4

按钮名称	按 钮 功 能
电阻/电路导通性/二极管 DC/AC	在测量电压信号时,按此功能键可以在直流和交流之间切换,打开万用表电源开关后,仪器默认测试对象为直流信号,如果测试对象为交流信号,按此功能键进行切换,再次按此功能键则切换回直流测试模式
	在当测试功能旋钮旋转到"电阻、二极管和电路导通性"位置时,按此功能键可以在电阻测量、二极管测量、电路导通性测量三个功能之间切换,初次旋转到该位置,汽车专用万用表默认为对电阻进行测量;而如果按此功能键,万用表将对电路导通性进行测量;再次按此功能键,万用表的测量功能将切换到二极管测试;而再次按此功能键,万用表的测量功能又将切换回对电路电阻的测量
RANGE	量程选择键,在测试直流电压时,按此功能键量程可以在 mV 和 V 之间切换;在测量电阻时,按此功能键量程可以在 Ω、kΩ 和 MΩ 之间切换;在测量电流时,按此功能键,万用表屏幕上小数点后能显示出来的位数将进行切换;在其他测试功能下,按此功能键均没有作用
HOLD	自动捕捉稳定读数以便观察

四、万用表插孔

如图1-19所示为汽车专用万用表的插孔,共有温度、10A、mA/μA、搭铁、电压—电阻—闭合角—频率—占空比—二极管—转速五个插孔,在进行不同测试时使用不同的插孔。

五、旋钮

如图1-20所示为汽车万用表的功能旋钮,一个功能是当作万用表的电源开关,另一功能是在不同测试功能旋钮间进行切换。

图1-19 汽车专用万用表插孔　　　　　图1-20 汽车专用万用表旋钮

六、万用表的测试过程（表1-5）

万用表的测试过程　　　　　　　　　　　表1-5

测试内容	旋钮位置	插孔选择	测量探针连接	备　注
电压	把旋钮转至电压挡(V)；按DC/AC功能键选择交流或直流	把黑色的表笔插入COM搭铁插口，然后把红色的表笔插入V/Ω/RPM插口	将黑色测量探针连接到与被测电路负极，将红色测量探针连接到被测电路正极	注意万用表的测试量程，在不知道被测电路的电压值的情况下，不要盲目用仪器进行测量。在进行电压测量时，万用表必须和被测电路进行并联。量程范围取决于万用表测得的最大值，大部分万用表都有几个量程，选择正确的量程对测试很重要。选择低量程会增加小数点位数，提高读数的准确度
电阻	把旋钮转至电阻(Ω)挡。如果需要获得准确的测量结果，按RANGE键选择正确的量程	把黑色的表笔插入COM搭铁插口，然后把红色的表笔插入V/Ω/RPM插口	将万用表的两个表笔连接到被测电阻或被测电路的两端	在测量电阻的时候要切断电路电源，并把电容的电放掉，如果有外部电压或残留电压存在，将不能准确测量电阻
通断	把旋钮转至电阻(Ω)挡，按DC/AC键选择电路导通性的测试	把黑色的表笔插入COM搭铁插口，然后把红色的表笔插入V/Ω/RPM插口	将万用表的两个表笔连接到被测电路的两端	如果电路闭合，电阻测量值小于100Ω时万用表会发出提示音。如果电路开路，万用表则不会发出提示音。测量时要关闭电路电源，有提示音不代表电阻是零
二极管	把旋钮转至电阻(Ω)挡，按DC/AC键选择二极管的测试	把黑色的表笔插入COM搭铁插口，然后把红色的表笔插入V/Ω/RPM插口	将万用表的两个表笔连接到被测二极管的两端	测量二极管正、反向电阻，一般正向电阻为4kΩ左右，反向电阻为无穷大，否则，说明二极管损坏
闭合角	把旋钮转至闭合角"DWELL"挡，针对不同汽缸数量的发动机选择不同的挡位	把黑色的表笔插入COM搭铁插口，然后把红色的表笔插入V/Ω/RPM插口	把万用表的黑色表笔搭铁，或与蓄电池的负极连接。把万用表的红色表笔和点火线圈负极接线柱连接	闭合角是指分电器分火头触点闭合的角度。万用表可以测量4、5、6、8缸发动机的闭合角，因此，在测量发动机闭合角时需要选择发动机的缸数

续上表

测试内容	旋钮位置	插孔选择	测量探针连接	备注
电流	把旋钮转至电流"10A、mA、μA"挡,针对不同汽缸数量的发动机选择不同的挡位	把红色的表笔插入"10A"或"mA、μA"插孔,把黑色的表笔插入"COM"插孔	按照电流从万用表红色表笔流入万用表、从黑色表笔流出万用表的方向把万用表串联在被测电路中	如果不清楚被测电路的工作电流大小,可以先选择大的量程进行初估,然后再选择合适的量程。在测量完电流后,万用表的红色测量探针必须插回V/Ω/RPM插口,否则,可能烧毁万用表内的熔断丝
温度	把旋钮转至温度"℃、°F"挡,根据要显示的单位来选择合适的挡位	把温度检测探针插入"TYPE K"插孔	把温度检测探针的另外一端接到被测物体上	注意:小心高温物体对人和仪器造成损伤
频率	把旋钮转至频率"Hz"挡,根据被测信号的频率范围选择合适的挡位	把黑色的表笔插入COM搭铁插口,然后把红色的表笔插入V/Ω/RPM插口	把万用表黑色表笔搭铁,把万用表的红色表笔连接到信号输出线上	如果不清楚被测信号的频率范围,可以先选择大的量程进行初估,然后再选择合适的量程,以便获取准确的测试结果
占空比	把旋钮转至占空比"%DUTY"挡	把黑色的表笔插入COM搭铁插口,然后把红色的表笔插入V/Ω/RPM插口	把万用表黑色表笔搭铁,把万用表的红色表笔连接到信号输出线上	
转速(RPM使用转速感应钳)	把旋钮转至发动机转速"RPM"或"×10RPM"挡	把万用表专用的转速感应钳的两个插头与万用表的搭铁"COM"和"V/Ω/RPM"连接,确认接地端与万用表的COM插口连接	把转速感应钳夹在火花塞高压线上。如果没有读数,取下感应钳换个方向重新进行测试	使用转速感应钳测量两冲程或四冲程汽车发动机的转速,不需要与发动机或导线进行直接的接触。如果没有读数或读数不稳定,要把感应钳放在距离火花塞6ft(1ft=0.3048m)以内的距离,或放在其他的火花塞高压线上

1.3.8 汽车专用示波器

汽车专用示波器的作用是以电压波形曲线的显示方式,显示汽车电控或相关系统的工作过程。如图1-21所示为汽车专用示波器及附件的连接。

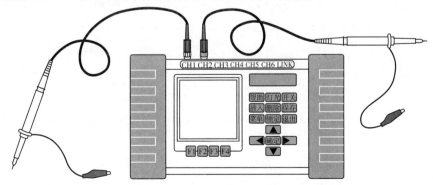

图1-21 汽车专用示波器及附件的连接

示波器通常由诊断模块、测试主机、存储卡、外接电源、测试电缆等部分组成,下面通过表格讲述各部件的主要功用（表1-6）。

示波器的组成及功用　　　　　　　　　表1-6

组　成	功　用
诊断模块	电控系统传感器输出的电压、电阻和频率信号，须经诊断模块进行处理，使之成为测试主机能够识读的数字信号。该示波器配备了两种诊断模块，一种是示波器诊断模块，另一种为发动机测试模块。它安装在测试主机顶部，对采集的信号进行预处理，测试线缆与它相连
测试主机	包括显示器、键盘和电路板，显示器为人机对话的界面，操作简单，测试结果、所测波形通过显示器显示。键盘为仪器的输入元件，测试元件的选择、波形的分析等功能均可通过键盘来完成
存储卡	为主机提供内存、最新的软件程序。存储卡可以升级，以加强示波器的功能。存储卡安装在主机底部卡槽内，一般升级时才需要拔出
外接电源线	示波器使用直流12V电源，可接在车辆的12V蓄电池上或用A/C充电器为仪器充电
主电源开关	示波器配有主电源开关
串行接口	该接口用于连接打印机、PC或废气分析仪等
外部电源接口	示波器内装有可充电电池，当电池电力不足时，可使用外接电源充电
测试线缆	该线缆一端接到诊断模块接口，另一端为测试探头。仪器各有4根测试线缆，分别为黄、蓝、红、绿4种颜色，另一根为黑色搭铁线缆。线缆分为通用型和专用型。在进行不同项目测试时，可选用专用适配器

1.3.9　汽车专用解码器

如图1-22所示为汽车检测和故障诊断过程中经常使用的汽车专用解码器。汽车专用解码器是一种汽车电控系统故障检测仪，是用来与汽车电控系统的控制模块进行数据交流的专用仪器，也是到目前为止检测汽车电控系统故障最有效的仪器。

图1-22　汽车专用解码器

汽车专用解码器的主要功能如下：

（1）读取电控系统的故障代码，为维修提供最大帮助。

（2）在故障排除后清除故障代码，使系统完全恢复正常。

（3）读取电控系统控制模块中的数据流，以便对系统运行有全面的认识，有些汽车专用解码器还可对控制模块中的某些数据进行更改。

（4）可以进行执行元件的诊断，即通过解码器直接向执行器发出动作指令，以检查执行元件及其电路的工作状况是否正常。

（5）路试时监测并记录各传感器、执行器的工作参数，以便日后进行分析判断。

（6）可通过计算机或其网络系统机进行资料的更新升级。

（7）有的汽车专用解码器还具有万用表、示波器、打印机及电控系统电路图和维修指导、客户档案管理等功能。

目前所用的解码器按其数据流的形式可分为两种类型，一种为专用型解码器，是由汽车制造厂家为检测本厂生产的汽车而专门制造或指定的、只能检测某一品牌或某一车型的解码器，而不能用来检测其他公司生产的汽车。专用型解码器一般只配备在汽车4S店，主要目的是为自己生产的汽车提供良好的售后服务，有实力的汽车生产厂家都有专用型解码器，如大众汽车的V.A.G1551、V.A.G1552、V.A.S5052大众专用解码器，宝马汽车的MODIC-Ⅲ、GT-1解码器，奔驰汽车的HHT、STAR2000解码器，通用汽车的TECH-Ⅱ解码器，福特汽车的Superstar-Ⅱ解码器，日产汽车的Consult、Consult-Ⅱ解码器，丰田汽车的XOBD2000解码器等都属于专用型解码器。另一种为通用型解码器，它不是由汽车生产厂家提供或指定的，而是由其他专门生产检测仪器设备的公司制造的，它可以检测不同汽车生产厂家制造的多种车型，通过配备不同的检测接头，有的解码器可以检测几十乃至上百种不同厂家的车型，因而一般配备在综合性维修企业。如由美国生产曾在我国红极一时的红盒子(Scanner)MT2500解码器、德国博世公司生产的KTS300/500解码器、美国斯必克公司生产的OTC系列解码器及国内生产的电眼睛、车博士、修车王、仪表王、金奔腾、车灵通、易网通等都属于通用型解码器。

对于具体车型，从故障诊断的深度和广度方面讲，通用型解码器不如专用型解码器，因为通用型解码器毕竟不是专门为检测某一种车型而生产的，因此，有些车型的某些电控系统它是检测不出来的。但对于综合性汽车维修企业来说，由于车源品种繁多，而又不可能配齐所有车型的专用解码器，因此，就应备用通用型解码器。

1.3.10 发动机综合分析仪（中职学生可选择性教学）

发动机综合分析仪其实质上是一种复合型测试仪器，是各种检测仪器的综合。它可以对发动机的机械系统、电气系统、点火系统、燃油喷射系统、辅助控制系统进行全面和综合测试，并具有智能化分析测试结果的功能。

早期的发动机综合分析仪实际上是一个显像管式的点火示波器，它主要是对汽油发动机的点火系统进行测试。随着电子工业的发展和测试技术的不断完善，后来的发动机综合分析仪的测试功能就越来越丰富，在实际使用过程中的价值也越来越大。

按照结构组成和功能的不同，发动机综合分析仪可以分为传统式发动机综合分析仪、智能化发动机综合分析仪、以个人计算机为核心的发动机综合分析仪、模块式发动机综合分析仪四种。

一、传统式发动机综合分析仪

早期的发动机综合分析仪实际上就是汽车点火示波器，这种示波器是以示波管为核心的测试仪器，专门用于汽油发动机初级、次级点火波形的分析，如图1-23所示。

它是一种专门用于汽车发动机点火系统故障诊断的测试设备。它不仅能准确描绘出发动机点火系统的工

图1-23 传统式发动机综合分析仪

作状况，还可以通过点火波形进一步扩展分析发动机机械部分，乃至整个发动机的工作状况。因此，它是常规发动机检查的核心设备。另外这种点火示波器还兼有喷油嘴波形和传感器波形的实验功能，可以作为普通示波器使用。

二、智能式发动机综合分析仪

如图1-24所示为Snap-on公司生产的一种智能式发动机综合分析仪，它是以一台内部装有智能化处理模块的数字存储示波器为核心的测试仪器。它具有很强的数据处理功能，通常采用菜单式操作，携带有简单的键盘和打印机，可分为台式和便携式两种。台式分析仪通常采用显像管的显示方式，可作为汽车维修企业中诊断中心的重要设备。便携式分析仪因采用液晶屏幕显示而使得其体积大为缩小，质量也大大减轻，携带十分方便，为车间现场使用和野外修车提供了极大的方便。智能式发动机分析仪实质上是将汽车示波器（含点火示波器和数字存储示波器功能）及汽车万用表于一身，也使用菜单操作方式并具有自动调整功能。

三、计算机式发动机综合分析仪

如图1-25所示为博世公司生产的FSA740发动机综合分析仪。它就是最常见的计算机式发动机分析仪，是一种以个人计算机为核心的发动机综合分析设备。它通过各种测试接口把发动机和测试模块连接起来，利用模块内的测试程序实现对发动机各个系统的测试功能，这种分析仪可以完成点火示波器、汽车专用示波器的全部测试功能，同时还可以进行自动测试。它实质上是各种测试仪器的组合。

图1-24 Snap-on公司生产的智能式发动机综合分析仪

图1-25 博世FSA740计算机式发动机综合分析仪

如果微型计算机中装有车型数据库，还能够实现测试过程中的资料库的在线支持和数据自动分析。

四、发动机综合分析仪的硬件组成及其功用（以计算机式发动机综合分析仪为例）

如图1-26所示为计算机式发动机综合分析仪的硬件组成，通常情况下，计算机式发动机综合分析仪是由发动机分析模块、PC、尾气分析仪、检测接口、打印机等部件构成。下面分别就这些硬件的功能作简单的陈述。

（1）PC。

PC是人机对话的中介，通过计算机可以把分析模块、尾气分析仪、打印机等设置连接起来，同时可以存储大量的车型数据和诊断程序。

（2）发动机分析模块。

发动机综合分析仪的核心，它可以将各个传感器检测到的信号进行处理，并进行判断，然后通过计算机显示屏幕显示出诊断结果。

（3）尾气分析仪。

可以检测出汽车尾气中各种气体的含量，主要包括CO、CO_2、HC、O_2、NO，通过这五种尾气的排放量可以判定出发动机的整体工作性能。

图1-26 计算机式发动机综合分析仪的构成

（4）检测接口。

检测接口的作用是将发动机的各种运行工况信息转变成电子信号输送给计算机进行运算处理，以便作出正确的判定。各个传感器的作用将在后续的内容中做详细地介绍。

（5）打印机。

打印机的作用是将检测结果和分析报告打印出来，便于技术分析、客户交流和技术存档。

（6）网络接口。

可以和互联网连接，便于诊断软件和数据库的升级。

（7）箱体。

作为发动机综合分析仪各种组成部分的支架。

五、各个系统的主要测试内容

（1）蓄电池。

按照事先设计好的测试程序完成汽车蓄电池的充放电状况，测试的参数有蓄电池的开路电压、加载电压、恢复电压和冷起动电流。

（2）充电系统的测试。

按照事先设计好的测试程序完成发动机在怠速和正常转速条件下充电电压和充电电流的测试，同时还能完成在一定电器负荷下发电机调节器内二极管波形的测试。

(3) 起动系统的测试。

按照事先设定好的测试程序,可以完成起动电压、起动电流、发动机转速、点火系统次级击穿电压、点火线圈正极和负极电压、进气歧管真空度、起动机运行状况和发动机四种尾气的排放情况测试。

(4) 燃油系统的测试。

按照事先设定的测试程序,通过测量在怠速和正常转速条件下四种尾气的排放情况,判定燃油系统的工作是否正常;同时可以通过测量喷油器的脉冲宽度信号和燃油系统压力来判定燃油控制系统的工作是否正常。

(5) 点火系统的测试。

按照事先设定的测试程序,可以完成初级点火系统的测试、次级点火系统的测试和点火正时的测试。初级点火测试可以完成发动机怠速运转时的点火系统状态参数;次级点火测试可以完成每缸点火的参数,如平均的击穿电压、击穿电压的浮动范围、燃烧电压、燃烧时间;点火正时测试可以测试出基本点火提前角、修正点火提前角和整体点火提前角。

1.3.11 四轮定位仪

一、四轮定位仪检测的内容和作用

四轮定位仪用于测试汽车的车轮定位参数,并与原厂的设计参数进行对比,便于指导使用者对车轮定位参数进行相应的调整,使其符合原设计要求,以达到理想的汽车行驶性能,操纵轻便,行驶稳定可靠,并减少轮胎的偏磨损。通常情况下,可对汽车的主要四轮定位参数包括车轮外倾角(Camber)、主销后倾角(Caster)、主销内倾角(SAI)、前轮前束(Toe-in)等进行测量和调整,如图1-27所示为四轮定位参数图解。

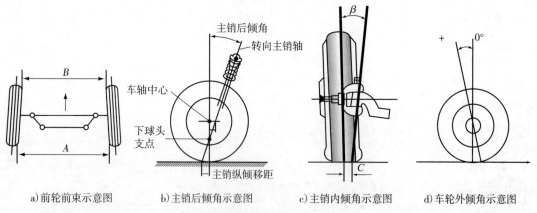

a) 前轮前束示意图　　b) 主销后倾示意图　　c) 主销内倾角示意图　　d) 车轮外倾角示意图

图1-27 四轮定位参数图解

当车辆使用很长时间后,用户发现转向沉重、发抖、跑偏、不正、不归位或者轮胎单边磨损、波状磨损、块状磨损、偏磨等不正常磨损,以及用户驾驶时,车感漂浮、颠簸、摇摆等现象出现时,就应该考虑检查车轮定位值,看看是否偏差太多,及时进行修理。

前轮定位包括主销后倾角、主销内倾角、前轮外倾角和前轮前束四个内容。后轮定位包括车轮外倾角和单个后轮前束。前轮定位和后轮定位总起来说叫车轮定位,也就是常说的四轮定位。

四轮定位仪的作用:
(1)增加行驶安全。
(2)减少轮胎磨损。
(3)保持直行时转向盘正直,维持直线行车。
(4)转向后转向盘自动归正。
(5)增加驾驶控制感。
(6)减少燃油消耗。
(7)减低悬架部件耗损。

二、四轮定位仪的种类

四轮定位仪主要有前束尺和光学水准定位仪、拉线定位仪、CCD定位仪、激光定位仪、3D影像定位仪等几种。其中激光、CCD和3D产品成为目前市场上的三个国产四轮定位仪主流产品,3D产品是目前市场上最先进的四轮定位仪,已进入成熟阶段。

三、四轮定位仪的硬件组成

如图1-28所示为博世公司生产的四轮定位仪,它主要由定位仪主机及必要附件组成。

定位仪主机由机箱(大机箱带后视镜)、计算机主机(含显示器、打印机)、四个机头(定位传感器)、通信系统、充电系统、总供电系统共六部分组成。

必要的附件由转向盘固定器、制动踏板固定器、转角盘及夹具共四部分组成。这些都是四轮定位的标准配置(E系列除外)。

要很好地完成定位调整工作,用户还应自行配备必要的工具:各种型号的开口扳手、梅花扳手、套筒、接杆、快速扳手、扭力杆、钳子、螺丝刀(旋具)、气动扳手(小风炮)、拉杆球头拆装器、外倾角校正器以及各种型号的调整垫片和调整螺栓等。

机械结构是四轮定位的基础,一个稳固的长期不会发生形变的结构会使传感器更稳定,长时间使用不用校准,也可使机器寿命更长久。目前真正高要求的厂家都采用铝合金结构,因为经过适当处理方式处理的铝合金在10~20年中的变形量会非常小,这也是飞机会大量采用

图1-28 博世公司生产的四轮定位仪

铝合金的原因。

四、四轮定位的测试原理

良好的光学设计可以使四轮定位的测量精度得以保证,并能够尽量避免环境对四轮定位的影响,特殊设计的光学结构还可以节省传感器的电力消耗,使传感器的电池更耐用。

而随着电子技术的发展,四轮定位测量技术也发生了巨大的变化。

首先出现的测量方式是最原始的拉尺测量、拉线式测量、四象限元件测量、光敏二极管阵列测量,然后发展到现在的PSD测量、CCD测量,后四种测量方式按照测量光源性质又可分为激光式和红外式。近年来国内外又发展出来新的3D影像式的动态测量方式。

因为原始的测量方式缺点很多、精度很差,而最新的3D测量方式在使用上不太适合维修行业的使用(必须在绝对水平的举升平台上,前后推动才能测量),这里就不一一介绍了。下面具体介绍激光PSD、红外PSD、激光CCD、红外CCD四种方式。

PSD,其英文名称是Position Sensitive Detectors,它是一种模拟光电位置传感器,目前主要是日本厂商生产这种器件。因为是模拟器件,故而它存在一些缺点,例如温度稳定性不好,不容易区分干扰光与测量光,线性度不如CCD器件。但这也不是没有办法解决,通过特殊的测量取样方式可以最大限度地弥补上述缺点。目前国内生产的PSD产品多数测量范围不超过±6°,测量精度只有0.05°~0.1°,只有少数几家的产品测量范围可以达到±20°,精度达到0.05°之内。

激光PSD有很多优点,比如极高的方向性、单色性、高亮度,故而一般激光测量源很难被干扰,稳定性也很好。但用于四轮定位仪的激光传感器,属于半导体激光器,寿命只在5000h,理论测量精度低于0.1°,实际的测量精度一般很难达到0.1°。激光对人眼有很强的伤害,出于保护劳动者的目的,国家对这类的产品有限制使用的法规,故而这类产品属于逐渐淘汰之列。

红外线PSD目前用在四轮定位仪中主要做通信与测量用,其理论测量精度可以达到0.01°甚至更高,发射管在正常使用条件下至少可以使用10年。但因为任何物体或发光体都可以散发红外光,故而如何去除外界红外光和测量光的互相干扰是红外式四轮定位仪的设计重点与难点。

CCD器件则是近十年才出现的光线接收传感器件,输出的是数字信号,它具有线性度好、温度稳定性好、通过特殊滤波算法可以区分各种干扰光,是目前国外品牌广泛采用的光传感器件。但因为CCD的接收频谱很宽;从紫外线、可见光、到红外线均可接收,且对可见光更敏感,故而把CCD作为接收器件的四轮定位仪设计难度最大。目前主流厂商多采用2000线到3000线的CCD来生产四轮定位仪,测量范围一般可以达到±20°以上,理论上来讲光学分辨率都在0.015°~0.025°,而精度则多在0.05°左右。

另外光电传感器的数目也是一个特别重要的指标,四轮定位仪有2束、6束、8束之说。2束就是只有两只前轮传感器,只测量前轮的束角和倾角;6束是有六只传感器,测量前轮与后轮之间的夹角，但不测量后轮的束角；8束是通过八只传感器将所有角度都测量出来。简而言之，2束、6束、8束就是有2、6、8个束角传感器。只有8束测量了轮胎全部的空间角度，将这些数据带入正确的计算公式，才能得到准确的四轮定位角度值。

传感器上另外一个核心传感器就是倾角器，目前世界上生产倾角器的国家并不多，主要就是德国、芬兰、美国、日本、韩国，国内生产的主要用于航空航天。其全都基本属于同一种技术——利用流体性质制作倾角器，其中韩国的最差（没有温度补偿），日本（倾角器不抗震，摔了就坏）、美国（精度不算好，个头大）、中国（精度尚可，个头大，价格贵）次之，德国的较好（使用中最好不要倒置）；而芬兰的则是应用最新的硅集成电路，精度高、稳定性好、抗震能力好，更适合大量生产，技术也更先进。

五、信息传输技术

四轮定位传感器之间、传感器与主机之间都需要互相传递信号与数据，最早人们采用电缆来传输，之后用红外光，继而用高频无线电，最新式是采用无线蓝牙通信技术。

电缆传输稳定可靠、速度快，但使用不方便，且传输线接插头插拔次数有限（500次），导线本身容易被拉、压、折断，更换电缆成本高（进口线一套价格在3000元以上）。

红外光：传输速度快、使用较方便、使用寿命长，但容易受遮挡、对环境要求较高。

高频无线电：传输速度快、使用较方便、使用寿命长，但容易受干扰、多套同时使用时容易出问题（不具备完善的通信协议、不具备跳频抗干扰能力，固定频点一旦被干扰必须由厂家来人解决）。

无线蓝牙：有完善的通信协议，传输速度快、使用方便、寿命长、通信稳定可靠。

老型四轮定位仪的测量速度很慢，有时几乎要等上近30s才能更新一次数据，甚至国外著名型号的也只能做到2s更新一次。但近年来随着大规模集成电路的发展，应用在四轮定位仪上的主处理芯片（单片机）的性能也越来越高，这直接导致了四轮定位仪测量速度也越来越快，好的厂家已经实现了四轮数据的实时测量（每秒全部数据更新2次以上），这样就不至于调整一次就要等上一小段时间，方便了使用。

至于计算机软件则要简单得多，只要它具备举升调整、前束曲线测量、转向角度直接测量、轮距轴距差及前后轮中心距差的测量功能就基本齐全，当然各项功能必须得稳定、好用，运行速度快。

最后也是最关键的就是四轮定位测量的数学模型，四轮定位的很多角度必须要靠计算公式计算才能得到，目前很多四轮定位的算法有问题，或者只是近似算法，这样算出来的数值不准确，会给修理带来麻烦，轻则返工、重则赔偿损失，给店家的名誉带来很坏的影响。

理论测试

一、填空题

1. 汽车零件失效的主要原因有 _____、_____、_____ 等。
2. 汽车故障变化规律可分为 _____、_____、_____ 三阶段。
3. 汽车故障的常用诊断方法主要有 _____、_____、_____、_____ 等。
4. 汽车零件的磨损类型可以分为 _____、_____、_____、_____ 四种磨损形式。

二、选择题

1. 汽车故障率较低的阶段是 _____。
   (A) 早期故障期　　　　　(B) 随机故障期　　　　　(C) 耗损故障期
2. 在对汽车进行故障诊断时，首先进行 _____。
   (A) 直观诊断　　　　　　(B) 备件替换诊断　　　　(C) 随车故障诊断
3. 在对汽车进行故障诊断时，应 _____。
   (A) 进行尽可能多的检测
   (B) 进行尽可能多的分析判断
   (C) 进行尽可能少的拆卸零件
4. 在对汽车电控系统检测时，最好使用 _____。
   (A) 指针式万用表　　　　(B) 数字万用表　　　　　(C) 汽车专用万用表
5. 影响汽车零部件变形的主要因素是 _____。
   (A) 腐蚀与磨损　　　　　(B) 外载荷与内应力　　　(C) 内载荷与外应力
6. 发动机综合分析仪可以对发动机进行 _____。
   (A) 无负荷测功　　　　　(B) 有负荷测功　　　　　(C) 全负荷测功
7. 对传感器脉冲信号的检测一般最好使用 _____。
   (A) 万用表　　　　　　　(B) 示波器　　　　　　　(C) 汽车专用万用表
8. 在讨论万用表的使用时，技术人员甲说可以用指针式万能表测量汽车上所有电子元件的电阻值；技术人员乙说，只能用数字式万用表测量汽车上的电子元件的电阻值。请问谁的说法是正确的? _____
   (A) 只有甲正确　　　　　(B) 只有乙正确
   (C) 两人均正确　　　　　(D) 两人均不正确
9. 在讨论解码器和示波器的区别时，技师甲说，解码器可以确定故障的范围，而很难确定故障的点；技师乙说，示波器有时不仅可以确定故障的范围，而且可以进一步确定故障的点。请问谁的说法是正确的？_____

  (A) 只有甲正确   (B) 只有乙正确

  (C) 两人均正确   (D) 两人均不正确

10. 真空表是在发动机故障检修中一个很重要的检测工具，请问以下所列举的项目哪项不是真空表所能胜任的工作？_____

  (A) 检测汽缸的密封性是否合格

  (B) 检测漏气的具体部分

  (C) 检测排气管的背压是否合格

  (D) 检测发动机的负荷状态是否合乎要求

11. 利用喷油器清洗检测仪可以检测出喷油器的工作是否满足要求，请问以下所列举的项目哪项不是该检测仪器所能胜任的工作？_____

  (A) 检测单位时间内的喷油量是否合乎要求

  (B) 检测喷油脉冲宽度是否满足发动机运行工况的要求

  (C) 检测喷油器的燃油喷射角度是否合乎要求

  (D) 检测喷油器是否泄漏

12. 在讨论如何正确对待车主投诉的问题时，技术人员甲说，由于车主长期驾车行驶，对车的情况比较了解，因而车主的投诉可以相信，不需怀疑；技术人员乙说，毕竟车主一般非专业人士，对故障的描述可能不到位，因而车主的投诉只能作参考。请问谁的说法更准确一些？_____

  (A) 只有甲正确   (B) 只有乙正确

  (C) 两人均正确   (D) 两人均不正确

13. 在讨论遇到偶发性故障后如何确定作业内容时，技术人员甲说，应反复试车，在基本确定故障点后再估价作业内容；技术人员乙说，应和技术部门配合，确定工作量。请问谁的说法正确？_____

  (A) 只有甲正确   (B) 只有乙正确

  (C) 两人均正确   (D) 两人均不正确

14. 在讨论五尾气分析仪的使用时，技术人员甲说，要想测量汽车尾气中 NO_X 的排放量是否达到环保局的要求，只需起动发动机，待发动机温度正常后就能进行检测；技术人员乙说，由于 NO_X 是在高温高氧的情况下产生的，因而对 NO_X 的检测要在一定的负荷条件下进行。请问谁的说法正确？_____

  (A) 只有甲正确   (B) 只有乙正确

  (C) 两人均正确   (D) 两人均不正确

15. 在讨论尾气分析仪的检测内容时，技术人员甲说，四尾气分析仪主要是对排气中

CO、CO_2、HC 和 O_2 四种气体的含量进行检测;技术人员乙说,五尾气分析仪主要是对排气中 CO、CO_2、HC、NO_X 和 O_2 五种气体的含量进行检测。请问谁的说法正确?_____

  (A)只有甲正确   (B)只有乙正确

  (C)两人均正确   (D)两人均不正确

三 判断题

1. 直观诊断是通过人的感觉器官对汽车故障进行分析判断,找出故障部位的方法。( )
2. 随车自诊断系统可以提供该车辆所有故障的代码。( )
3. 在进行配合件装配时,必须注意装配标记和安装方向。( )
4. 在汽车零件的各种制造材料中,铸铁材料的老化现象最为严重。( )
5. 在汽车的磨合期,零件的磨损主要表现为磨粒(料)磨损。( )
6. 通过对汽车废气分析可以判断发动机的燃烧状况。( )
7. 某缸断火前后转速差越大,表明该缸工作情况越差。( )
8. 在所有电控检测诊断仪器中,发动机综合分析仪检测项目是最多的,功能是最全的。( )
9. 读发动机数据流必须要在汽车发动机熄火之后进行。( )
10. 随着新车型的不断推出,解码器软件卡要不断地升级换代。( )
11. 检测系统某处的电压应在系统通电的情况下进行,而测量某部件的电阻时则必须断开部件与系统的连接。( )

四 问答题

1. 直观诊断法通过哪些手段判断汽车故障的具体部位?

2. 汽车故障诊断时应注意哪些事项?

3. 按不同的分类方法,汽车故障是如何划分的?

4. 汽车电控系统故障诊断检测仪器主要有哪几种？试说明各自的特点。

5. 与解码器相比较，发动机综合分析仪有哪些优点？

6. 汽车专用解码器主要由哪几部分组成？主要有哪些功能？

7. 汽车专用示波器具有哪些功能特点？

8. 四轮定位仪能检测哪些项目？

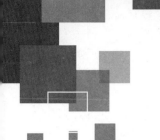

单元2

汽油发动机检测与故障诊断

● 知识目标：

1. 通过本单元学习，能够描述发动机常见的故障现象，正确分析每种现象产生的原因；
2. 掌握发动机常见故障的分析思路和判断方法，并能灵活运用，判断故障部位，排除故障。

● 能力目标：

1. 在教师指导下，能辨认出发动机常见故障现象，分析故障原因；
2. 能独立完成发动机常见故障的判断，并能熟练排除常见故障。

● 建议学时：

8 学时

作为汽车的心脏,发动机的性能在很大程度上直接决定了汽车的性能,因此,对发动机的性能检测和故障诊断,是保持汽车性能的一个十分重要的工作。根据使用燃料的不同,目前轿车主要采用汽油发动机和柴油发动机。按照结构组成,汽油发动机通常由机体、曲柄连杆机构、配气机构、冷却系统、润滑系统、起动系统、充电系统以及电脑控制下的燃油供给系统、点火系统和其他辅助系统等组成。本单元主要讲解汽油发动机非电控系统的性能检测和故障诊断方法。

2.1 发动机机体部分的检测和故障诊断

发动机机体部分由缸体曲轴箱组、活塞连杆组、曲轴飞轮组和配气机构组成。在正常使用过程中,由于曲柄连杆机构和配气机构的零件的磨损,特别是汽缸活塞组的磨损和气门与气门座的磨损、烧蚀,密封性变差,将使汽缸的漏气量增加、密封性下降,从而导致发动机功率下降,油耗增加;另外,配气相位的改变,同样会影响发动机的功率和油耗。因此,对发动机机体部分的检测主要是针对汽缸密封性和配气相位的检测。

在发动机运行过程中,汽缸活塞组的主要故障是由于零部件磨损、烧蚀、结胶、积炭等原因引起的,特别是零部件的磨损是造成密封性下降的主要原因。磨损程度的检查只有在发动机解体后才能进行,通常是通过一些相应的诊断方法诊断其技术状况的变化,这些诊断方法包括汽缸压缩压力的测量、曲轴箱窜气量的测量、汽缸漏气率的测量、进气歧管真空度的测量。本单元主要讲解利用汽缸压缩压力和进气歧管真空度来检测汽缸的密封性。

一、汽缸压缩压力的测量

发动机的动力性、经济性和排放性能,与汽缸压缩终了时的压力有着密切的关系,影响汽缸压缩压力的因素有汽缸活塞组的密封性、气门与气门座的密封性以及汽缸垫的密封性等,因此通过汽缸压缩终了压力的测量,可以间接判断上述部位的技术状况。

❶ 用汽缸压力表测量

如图2-1所示为利用汽缸压力表测量发动机汽缸压力的示意图,其测试过程如下。

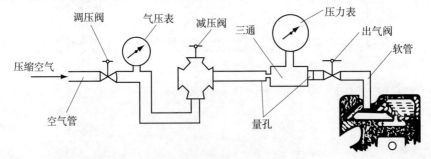

图2-1 利用汽缸压力表测量发动机汽缸压力的示意图

(1)测试过程:
①运行发动机到温度正常后,然后关闭点火开关;

②用火花塞专用拆卸工具拆下所有火花塞；
③把汽缸压力表接到火花塞孔上,确保密封；
④完全打开节气门；
⑤用起动机带动发动机运转3~5s,发动机转速应不低于150r/min,此时压力表指示值即为该缸的压缩压力；
⑥为确保测试精度,各缸应重复测试2~3次,取平均值作为测试结果；
⑦用相同方法完成其他所有汽缸的测试,将测量值填入表2-1。

汽缸压力测量值　　　　　　　　　　　　　　　表2-1

汽缸序号	第一缸	第二缸	第三缸	第四缸
原厂标准值	1.0~1.3MPa	1.0~1.3MPa	1.0~1.3MPa	1.0~1.3MPa
第一次测量值				
第二次测量值				
第三次测量值				
平均值				

注：表格中的标准值来自上海大众PASSAT B5 AWL发动机,其他车型的技术参数可以参考该车型的原厂维修手册。

（2）参考数值：
①汽油机的汽缸压力的下降值不应大于原厂规定的30%；柴油机的汽缸压力下降值不应大于原厂规定的20%；
②同一发动机各缸压力差,汽油机不得超过10%；柴油机不得超过8%。

（3）结果分析：
①如果测量值高于标准值,说明汽缸内积炭过多或者发动机机械部件型号错误造成燃烧室容积发生变化；
②如果测量值低于标准值,说明汽缸密封性下降。

❷ 利用起动电流测试汽缸的密封性

在起动机带动发动机运行过程中,起动机的驱动电流与起动机承受的阻力矩成正比,起动机承受的阻力矩包括机械阻力矩和汽缸内压缩空气的反力矩两部分,机械阻力矩在任何一个汽缸压缩时应该是相同的,而汽缸内压缩空气的反力矩只与该汽缸的密封性有关。因此,通过测定发动机各缸压缩终了时起动电流大小,就可以比较各个汽缸密封性的对比关系。

下面以博世FSA 740发动机综合分析仪为例讲解利用起动电流测试汽缸的密封性。为了测量各缸在压缩上止点时的起动电流和发动机转速,需要使用大电流检测探针和一缸同步检测探针,为了测量发动机机油温度和蓄电池电压,需要使用温度检测探针和蓄电池电压检测探针,测试时,首先要解除燃油系统的工作,防止发动机在测试过程中起动,其次要保证蓄电池电量充足,然后用起动机带动发动机运转,直到发动机综合分析仪显示出完整的测试结果,如图2-2所示为某台上海大众 PASSAT B5 AWL 发动机在起动过程中各缸起动电流的测试画面,从中不难看出,各缸的起动电流虽有差距,但大小差距不是很大,说明各缸的压缩压力大小差异不大。

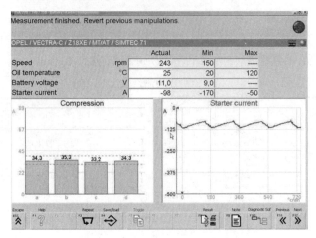

图2-2 利用起动电流测试汽缸的密封性

二、进气歧管真空度的测量

发动机进气歧管真空度的分析,是在发动机运转的条件下,通过对进气歧管真空度的变化规律进行观察,来诊断汽缸活塞组的磨损情况、配气机构的技术状况以及点火和供油系的调整状况。真空度分析是最重要、最有用且最快捷的测试方法。它不需要拆卸火花塞就可以完成对发动机机械系统的测试。真空度表盘如图2-3所示。

图2-3 汽车专用真空表

❶ **实训设备及器材**

(1)常用工具1套。

(2)一只量程为0~100kPa(0~760mmHg)的真空表及连接真空软管,注意:真空软管的长度应为30cm左右,其目的是为了阻滞表针摆动过量。

(3)技术状况良好的发动机总成1台。

❷ **测试内容及步骤**

检测进气歧管真空度时,首先将发动机预热到正常工作温度,同时检查发动机的燃料系统、润滑系统、冷却系统、电气系统及外观状况,进行着车前的准备。

第一步:真空表要安装在节气门后方的稳压腔上。

第二步:变速器处于空挡位置,发动机怠速运转。

第三步:检查真空表和进气歧管连接软管及各接头部位,均不得有泄漏。

第四步：在怠速、加速、减速等各种工况下读取真空表上的读数。考虑到进气歧管真空度随海拔增加而降低，海拔每升高1000m，真空度将减少10kPa左右。因此，在测定真空度时，应根据所在海拔高度修正真空度标准值。

真空度单位用kPa表示，真空度表的量程为0~101.325kPa，旧式表头的量程为0~760mmHg（1mmHg ≈ 0.133kPa）。

（1）在发动机起动过程中，节气门基本处于完全关闭状态，发动机主要通过怠速空气控制系统进气，如果发动机运行正常，此时真空度应该为7~17kPa之间，如果指针跳动或不稳，说明某个汽缸的气门、活塞环漏气或者发动机起动转速过低；而如果指针持续过低，说明发动机进气歧管漏气或者发动机燃烧室存在比较严重的集体性密封不严故障。

（2）发动机在怠速运行情况下，如果系统运行正常，进气歧管的真空度为57~72kPa，若测试值低于正常值，主要是因为活塞环、进气歧管或化油器衬垫漏气造成的，也可能与点火过晚或配气相位过晚有关。在此情况下，节气门若突然开启，指针会回落到0；若节气门突然关闭，指针也回跳不到85kPa。

（3）发动机在怠速工况下，迅速开启、关闭节气门时，真空度应在6.66~84.66 kPa之间随之摆动，且变化较灵敏，则进一步说明汽缸组技术状况良好。

（4）怠速时，指针有时跌落13.33kPa左右，说明某汽缸进气门口处有结胶。

（5）怠速时，指针有规律地下跌到某一数值，为某汽缸的气门烧毁。

（6）怠速时，指针跌落6.66kPa左右，表明气门与气门座不密合。

（7）怠速时，指针以比较高的频率在46.66~60kPa摆动，发动机转速上升时指针反而稳定，表示进气门杆与其导管磨损。

（8）怠速时，指针在33.33~74.66kPa缓慢摆动，且随发动机转速升高摆动加剧，为某缸气门弹簧弹力不足或汽缸衬垫泄漏。

（9）怠速时，指针停留在26.66~50.66kPa，为气门机构失调，气门开启过晚。

（10）怠速时，指针跌落在46.66~576.33kPa，为点火正时过晚。

（11）怠速时，指针在46.66~53.33kPa缓慢摆动，表明火花塞间隙太小或断电器触点接触不良。

（12）怠速时，指针在17.33kPa以下，表明进气歧管或化油器衬垫漏气。

（13）怠速时，指针在17.33~64kPa大幅度摆动，说明汽缸衬垫漏气。

（14）表针最初指示较高，怠速时逐渐跌落到0，为排气消声器或排气系统堵塞。

第五步：按真空表指针的指示值及摆动情况，结合其他故障症状及诊断方法，判断发动机故障并予排除。

第六步：故障排除后，进行重新检测，验证发动机工况是否恢复正常。

进气管真空度的检测是一项综合性很强的检测，检测的项目很多，而且检测时无需拆下火花塞等机件，是最重要、最实用和最快速的测试方法之一。但是进气管真空度的检测也有不足之处，它往往不能指出故障的确切部位。比如，真空表能指示出气门有故障,然而不能指示哪一个有故障,此情况只能再借助于测汽缸压力或测汽缸漏气量(率)的方法才能确诊。

2.2 发动机冷却系统故障诊断

发动机冷却系统的作用是保持发动机处于合适的工作温度,防止发动机出现过冷、过热情况。汽车发动机大多采用强制循环水冷却系统,它由散热器(水箱)、水泵、节温器、水套、膨胀水箱、风扇、冷却水管、水温指示表、水温感应塞(热敏开关)、水温警告灯等组成,如图2-4所示。

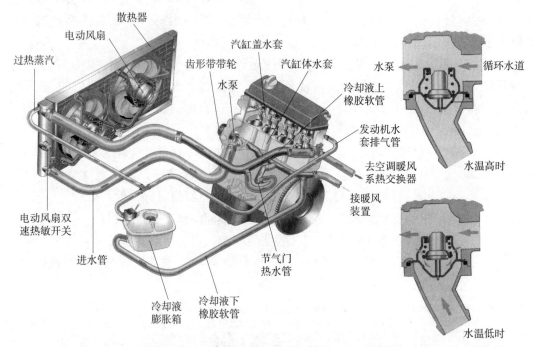

图2-4 上海大众PASSAT B5 AWL发动机冷却系统示意图

现代轿车大多采用全封闭式强制循环冷却系统,下面是上海大众 PASSAT B5 AWL 发动机冷却系统的技术参数。

冷却系统容量:带膨胀箱约6.0L。

冷却液型号:N 052 774 BO 或改进型 N 052 774 CO。

两个电动风扇:风扇一挡工作转速2300r/min,工作温度92~97℃,关闭温度84~91℃;风扇二挡工作转速2800r/min,工作温度99~105℃,关闭温度93~98℃。

节温器:开始打开温度(87±2)℃,在(102±3)℃时升程≥7mm。

水泵:最大工作转速6000r/min,进口压力0.1MPa,系统压力0.14MPa,出口压力0.16MPa。

水箱盖限压开启压力:0.12~0.15MPa。

冷却系统常见故障主要有:发动机过热、发动机过冷、发动机漏水等。

2.2.1 发动机过热的故障诊断(表2-2)

发动机过热的故障诊断　　　　　　　　表2-2

故障现象	故障原因	故障诊断
发动机运行过程中,水温表指示经常超过红线,水温警告灯点亮,散热器伴随有"开锅"现象,发动机易出现爆震或早燃现象	(1)汽车长时间超载运行、长时间用低挡行驶、长时间爬坡、在天气炎热或高原地区长时间行驶	遇到发动机过热故障现象,首要分清楚是由于发动机自身产生了过多热量而破坏了热平衡,还是由于散热系统的冷却不足而导致热平衡的破坏,然后按照图2-5中提示的项目进行逐项检修,直到故障现象排除
	(2)点火正时过晚,混合气过稀或过浓、燃烧室积炭过多、发动机爆燃或早燃等	
	(3)发动机缺机油、机油过稀、机油老化变质,致使润滑性能、散热性能降低	
	(4)汽缸衬垫过薄或缸体、缸盖接合面磨削过多	
	(5)冷却风扇皮带打滑或断裂,温控开关或电磁风扇损坏,风扇离合器接合过晚或损坏	
	(6)散热器被灰尘或羽毛等杂物堵塞或覆盖,导致空气流通不畅	
	(7)散热器和水套内沉积水垢。散热器上部回水管凹瘪或堵塞。分水管锈烂,分水能力丧失	
	(8)冷却系统中冷却液量不足,冷却系统有漏水之处	
	(9)节温器主阀门打不开或打开过迟,散热器下部出水管冻结或堵塞	
	(10)水泵效能不佳或水泵轴与叶轮脱开	

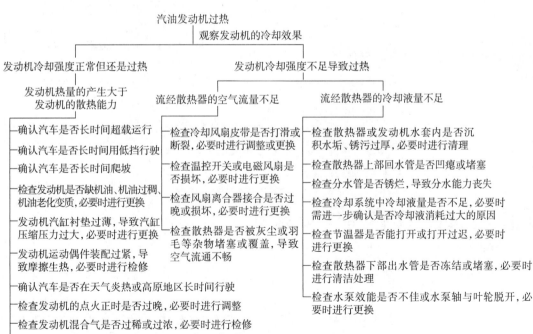

图2-5　汽油发动机过热的故障过程

2.2.2 发动机过冷的故障诊断（表2-3）

发动机过冷的故障诊断　　　　　　　　　表2-3

故障现象	故障原因	故障诊断
汽车在冬季运行时，发动机不能达到正常工作温度、动力不足、油耗增加	节温器损坏或未装节温器，风扇离合器接合过早或温控开关接通过早	先观察风扇离合器是否接合过早，或风扇是否提前接通。若风扇接通正常，故障多是节温器一直处于打开状态，可更换节温器后再进行检测

2.2.3 发动机漏水的故障诊断（表2-4）

发动机漏水的故障诊断　　　　　　　　　表2-4

故障现象	故障原因	故障诊断
冷却水消耗量较大，严重时停车后可以看到地面有水滴，有时会发现机油池内有水或排气管冒白烟	（1）缸盖、缸体变形或有裂纹 （2）缸盖螺栓松动或未按规定顺序紧固 （3）汽缸垫损坏 （4）水套侧盖衬垫损坏、螺钉松动或螺钉未按规定顺序紧固 （5）散热器上下水室、芯管破裂或开焊 （6）放水开关关闭不严 （7）橡胶软管破裂或管卡松动 （8）水泵衬垫损坏、螺钉松动或水封失效 （9）湿式缸套下端封水不佳或密封条损坏 （10）机体上的水堵封水不严	诊断发动机漏水，通常采用检视的方法，即冷却水从哪处漏出来，就说明故障部位在哪处。如发现水泵壳体下部的泄水孔处漏水，说明水封损坏。当发现机油池内有水时，如汽缸衬垫完好，缸盖螺栓也未松动，则为湿式缸套下端封水不佳或水封损坏。若排气管冒白烟，则可能是汽缸垫密封不好。有些渗水故障在发动机热车时才表现出来，因渗水量较小，会很快蒸发以至不留痕迹，检查时要多加注意。若经常需要补充冷却液，而散热器又没有"开锅"，发动机一定有漏水故障

2.3 发动机润滑系统故障诊断

润滑系统的主要作用是减少运动件的摩擦和磨损，同时兼有清洗、冷却、密封、防锈作用。汽车发动机润滑系统一般采用复合润滑方式，主要由机油集滤器、机油泵、机油滤清器、机油管和油道、限压阀、机油尺、机油压力表和机油报警器组成，如图2-6所示。润滑系统必须保证各工作表面得到良好的润滑，机油压力不能过高或过低，机油要有合适的黏度，避免变质或消耗过大，润滑系统要有过滤杂质、磨料的能力，以保持机油清洁。

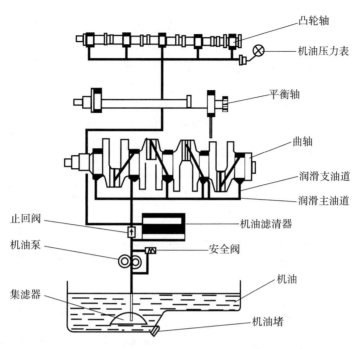

图2-6 上海大众PASSAT B5 AWL发动机润滑系统示意图

上海大众PASSAT B5 AWL发动机润滑系统的使用参数如表2-5所示。

PASSAT B5 AWL 发动机润滑系统的使用参数　　　　　表2-5

项　目	参　数
机油容量	2.5L（连机油滤清器滤芯共3.0L）
发动机机油消耗量	小于1.0~1.5L（1000km 行驶里程）
机油牌号	API-SF级、SG级和SG级以上的机油，或VW50 000型改良润滑油，SAE15W-40机油
轿车机油更换周期	7500km
机油泵输出压力	转子泵为 10×10^5Pa
机油泵特性	齿轮泵用SAE20号机油，在80℃时测试，转速为1000r/min，进口压力为0.013MPa，输出压力为0.5MPa，最小流量为8.3L/min，实际测量值为10L/min
机油滤清器额定流量	30L/min
机油滤清器原始阻力	≤0.04MPa
机油滤清器尺寸	总长:121.5mm；筒体外径76mm；底座外径80mm
机油压力开关	低压开关压力为30kPa；高压开关压力为180kPa

润滑系统常见故障有：机油压力过低、机油压力过高、机油消耗过大、机油变质。

对于上海大众PASSAT B5 AWL发动机而言，在发动机正常工作情况下，急速时机油压力不应低于30kPa；当发动机高速运转时，润滑油压力不应大于200kPa。如果不符合标准，应调整限压阀。如果由于球阀关闭不严而影响润滑油压力，应换用新件。若机油泵和限压阀均没有故障,应检查润滑油是否过稀,机油表和传感器是否良好,曲轴轴承和连杆轴承间隙是否过大等。

当然不同车型系统压力略有差异,当机油压力警告灯点亮时,表明润滑系统压力过低,必须查明原因,排除故障后方可继续行驶。

2.3.1 机油压力过低的故障诊断(表2-6)

机油压力过低的故障诊断　　　　　表2-6

故障现象	故障原因	排除方法
发动机在正常工作温度和转速下,机油压力表读数低于规定值或发动机工作时机油压力警告灯点亮	机油压力表或机油压力传感器失准,传感器线路接触不良或有断路	先检查油压表与传感器的连接状况,若正常,拆下传感器导线,打开点火开关,使导线与机体搭铁,若油压表指针急速上升,说明油压表良好;若油压表指针不动或微动,说明油压表失效,应更换油压表。若油压表良好,应检查传感器的工作性能,必要时进行更换
	机油变质,黏度过低,机油中漏入汽油、水	必要时进行更换,但如果机油频繁提前变质,就需要进一步分析造成这种症状的具体原因,而不是简单的更换机油
	机油油面过低	必要时进行更换,但如果机油消耗过大,就需要进一步检查造成这种症状的具体原因,而不是简单的更换机油
	机油泵磨损严重,供油能力下降	一般情况下间隙为0.05~0.15mm,检查方法是:在主动齿轮与泵盖之间的间隙,加入一段熔丝,装上泵盖拧紧螺钉,然后拆下泵盖,测量被压以后的熔丝的厚度,即为间隙值
	机油集滤器、机油滤清器堵塞	可以通过换用新的机油滤清器来进行试验,如果故障排除就说明确实是由于滤清器堵塞,否则,应进行进一步的检查
	机油限压阀调整不当、关闭不严或弹簧折断	必要时进行更换
	机油管路有泄漏之处	泄漏分为外泄和内部泄漏,外泄可以通过目测的方法寻找,但内部的泄漏只有通过拆装才能发现
	曲轴主轴承、连杆轴承或凸轮轴承磨损、轴承松动、轴承合金脱落或烧损	必要时进行检修
	发动机过热	应进一步检查发动机温度过高的原因

2.3.2 机油压力过高的故障诊断(表2-7)

机油压力过高的故障诊断　　　　　　　　表2-7

故障现象	故障原因	排除方法
发动机在正常工作温度和转速下，机油压力表读数高于规定值或机油滤清器易出现密封垫损坏、漏机油现象	机油压力表或机油压力传感器失准，传感器线路有搭铁	检查油压指示装置有无故障。若接通点火开关就有压力指示，则说明油压表或传感器有故障，必要时进行更换
	机油限压阀卡滞或调整不当	检查、调整限压阀，对于与机油泵一体的限压阀，则应拆检机油泵
	机油池油面过高	检查油面是否过高，必要时进行更换
	机油变稠或新换机油黏度过大	检查机油黏度是否过大、机油牌号是否符合要求，必要时进行更换
	大修后发动机主轴承、连杆轴承、凸轮轴承等间隙过小	检查曲轴主轴承、连杆轴承和凸轮轴承各配合间隙是否过小，必要时进行调整
	机油道内有堵塞	检查润滑油道是否脏污堵塞，必要时进行清洗

2.3.3 机油消耗过大的故障诊断(表2-8)

机油消耗过大的故障诊断　　　　　　　　表2-8

故障现象	故障原因	排除方法
机油消耗超过0.1~0.5L/100km，排气管冒蓝烟，积炭增加，火花塞油污现象严重	发动机有渗漏机油之处	检查发动机前、后、上、下及侧部有无明显漏油痕迹，若排气管排蓝烟，说明机油被吸入燃烧室，发动机内部有泄漏
	曲轴箱通风PCV阀损坏	检查PCV阀是否损坏，必要时进行更换
	活塞与缸壁间隙过大或活塞环方向装反导致窜油	检测缸压，若缸压过低，同时加机油口也脉动冒烟，说明汽缸活塞组磨损过大，密封不良导致汽缸窜油。向汽缸内注入少量机油，再次测量汽缸压力，若缸压明显升高，可确诊是汽缸活塞组密封不良
	气门油封损坏	若排气管冒蓝烟，加机油口无脉动冒烟现象，表明故障可能在气门导管处，应检查气门与气门导管间隙是否过大、气门油封是否失效等

2.3.4 机油变质的故障诊断(表2-9)

机油在发动机使用过程中会逐渐变质，表现为颜色变黑、黏度下降或上升，杂质含量升高。正常情况下，汽车每行驶10000km需要更换机油，合理的机油更换时间应由机油的品质决定。若换油周期很短，排除使用条件恶劣、操作不当的情况后，就是发动机有故障。

机油变质的故障诊断 　　　　　　表2-9

故障现象	故障原因	排除方法
机油呈深黑色或黄褐色，机油油面升高，泡沫多或出现乳化现象，用手指捻磨，无黏稠感，发涩或有异味，滴在白试纸上呈深褐色，无黄色浸润区或黑点很多，就表明机油已变质，需及时更换机油	发动机长时间过热	应进一步检查发动机温度过高的原因
	机油内有汽油污染	若机油中掺有汽油且油面增高，说明某个汽缸火花塞不能点火
	汽缸套漏水	若机油呈浑浊乳白色且油面增高，说明汽缸内进水
	活塞、活塞环与缸壁、曲轴与轴承、凸轮轴与轴承、凸轮与挺柱等运动处磨损严重	检测缸压，判断汽缸活塞组是否漏气窜油
	机油品质不良或维护不及时、不到位	检查机油是否使用时间过长，未定期更换；检查机油滤清器滤清效果是否良好；检查曲轴箱通风阀是否失效

理论测试

一 填空题

1. 汽油发动机汽缸密封性的测试方法有 _____、_____、_____、_____ 等。
2. 汽油发动机汽缸压缩压力的测试方法有 _____、_____ 等。
3. 润滑系统常见的故障现象有 _____、_____、_____、_____ 等。
4. 冷却系统常见的故障现象有 _____、_____、_____、_____ 等。

二 选择题

1. 机油压力过低的原因可能是 _____。
   (A) 机油黏度过大　　　(B) 润滑系统油道堵塞　　　(C) 机油平面过低
2. 排气管冒蓝烟，不可能的故障原因有 _____。
   (A) 机油压力过低　　　(B) 气门油封损坏　　　(C) 曲轴箱通风不良
3. 冷却液温度过低的原因可能是 _____。
   (A) 发动机缺水　　　(B) 节温器损坏　　　(C) 点火过晚
4. 发动机汽缸的密封性是发动机能否正常工作的基本条件。请问下列所列举的方法哪种不能正确检验汽缸的密封性？_____
   (A) 利用汽缸压力表进行检测
   (B) 利用真空表进行检测
   (C) 利用起动电流的大小进行判定
   (D) 利用发动机转速的变化进行分析

5. 进行汽缸泄漏测试时：技术员甲说若气体经过排气尾管逸出则说明排气门没关或出现泄漏；技术员乙说若散热器中的冷却液起泡则说明汽缸体或汽缸盖破裂或发动机的汽缸垫漏气。谁正确？_____
  (A)只有甲正确   (B)只有乙正确
  (C)两人均正确   (D)两人均不正确

6. 两个汽缸加注机油后进行汽缸压力测试时，压力读数不同，下列哪个因素引起压力读数变化的可能性最小？_____
  (A)汽缸内的活塞环磨损
  (B)汽缸气门烧毁
  (C)注入的机油减小了汽缸壁与活塞环之间的间隙
  (D)汽缸被机油严密密封

7. 技术员正在进行发动机压缩压力测试，以下解释哪些是不正确的？_____
  (A)所有汽缸的读数都低可能是因缸盖有裂缝引起的
  (B)所有汽缸的读数都高可能是因燃烧室积炭引起的
  (C)所有汽缸的读数都低而且读数值差不多，可能是由正时链条打滑引起的
  (D)两个相邻的汽缸的读数都低可能是由汽缸垫密封不良引起的

8. 将汽缸压力、汽缸泄漏和汽缸功率输出平衡的测试结果加以综合比较，下列哪个论述是正确的？_____
  (A)若汽缸的压缩压力正常但汽缸有泄漏，则说明点火系统可能有故障
  (B)若汽缸的压缩压力和密封都正常但汽缸输出功率不平衡，则说明可能是凸轮轴有磨损的缘故
  (C)若汽缸压缩压力及功率输出平衡均正常，但汽缸有严重的泄漏，则说明气门已被烧毁
  (D)以上三个论述均不正确

9. 利用发动机综合分析仪可以对发电机的机械系统进行全面测试，在讨论检测原理时，技术人员甲说，有的分析模块通过发动机起动过程中真空度的波动情况来判定机械系统工作是否正常；技术人员乙说，有的分析模块通过发动机起动过程中起动和驱动电流的波动情况来判定机械系统工作是否正常。请问谁的说法正确？_____
  (A)只有甲正确   (B)只有乙正确
  (C)两人均正确   (D)两人均不正确

三 判断题

1. 只要冷却液温度超过100℃发动机就一定会"开锅"。 ( )
2. 利用发动机综合分析仪可以对充电系统的工作性能进行全面测试，在讨论如何

判定充电系统的工作性能是否正常时,有人说,有的分析模块通过充电电压的高低就能判定充电系统的工作是否正常。（   ）

3．利用发动机和综合分析仪可以对蓄电池的供电性能进行全面测试,在讨论如何判定蓄电池供电性能是否合格时,有人说,有的分析模块根据加载后蓄电池的电压变化来判定蓄电池是否损坏。（   ）

4．有人说相邻两个汽缸的压力过低是由于汽缸垫漏气所致。（   ）

四 问答题

1．导致机油压力过低的主要原因有哪些？

2．发动机温度过高,如何确定故障部位？

单元3

汽油发动机电控系统故障诊断

- **知识目标：**

    1. 了解发动机电控系统常见故障现象，能够正确分析产生故障的原因；
    2. 掌握发动机电控系统主要部件的损坏形式及对系统正常工作的影响。

- **能力目标：**

    1. 能够正确识别发动机电控系统常见的故障现象；
    2. 能够独立分析常见故障的原因及可能的故障部位；
    3. 能掌握发动机电控系统故障分析的基本原则；
    4. 能够对电控系统的主要元件进行检测。

- **建议学时：**

    24 学时

现代汽车为了提高发动机的整体性能，采用了集中控制系统，即由同一控制模块控制发动机燃油喷射系统、点火系统、怠速控制系统等的运行，使发动机成为一个完整的整体，实现对发动机动力性、经济性和排放性能的控制。而对汽油发动机电控系统的检测和故障检修，与传统化油器发动机又有着很大区别，不再是单单依靠经验进行诊断，还需要借助各种测试设备获得系统或元件的工作参数，进一步分析故障的成因，并提出正确有效的维修建议。

3.1 汽油发动机的构成和工作原理

3.1.1 电子控制燃油喷射系统的组成

电子控制系统通常由传感器、执行器和控制模块三部分组成，对于不同车型的控制系统而言，传感器的数量和种类有所区别，系统的控制机理也有所区别，但有一点是相同的，就是发动机控制模块都是根据各种传感器的信号确定发动机的工况信息，从而控制执行器完成对发动机动力性、经济性和排放性能的控制，如图3-1所示为上海大众PASSAT B5 AWL发动机电控系统的构成示意图。该电喷系统的全称为闭环电子控制多点燃油顺序喷射系统(Motronic)，即M型电喷系统。它增加了爆震传感器，而且是喷油、点火一体化控制，是数字化的控制，技术上有较大的进步。

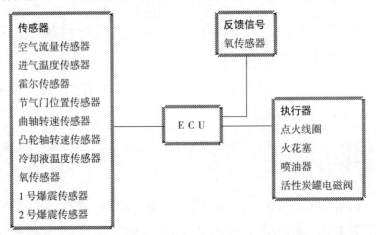

图3-1 上海大众PASSAT B5 AWL发动机电控系统的构成

3.1.2 电子燃油控制系统

电子燃油控制系统的控制，包括喷油脉冲宽度的控制和燃油系统压力的控制两个方面。

一、喷油脉冲宽度的控制

喷油脉冲宽度即喷油器的喷油时间跨度。电子燃油控制系统中，控制喷油脉宽的核心传感器是空气流量传感器(或进气歧管压力传感器)。发动机控制模块根据空气流量传感器(或进气歧管压力传感器)、节气门位置传感器、发动机转速传感器的信号，确定基本的喷油脉宽,再根据进气温度传感器、发动机冷却液温度传感器、氧传感器的修正信号,对喷油脉宽进行细微修正。

二、燃油压力控制

多数车型的燃油供给系统由燃油箱、燃油泵、燃油滤清器、燃油分配管、喷油器、燃油压力调节器及燃油管路等组成,如图3-2所示为上海大众PASSAT B5 AWL发动机燃油供给系统流程图与结构图。

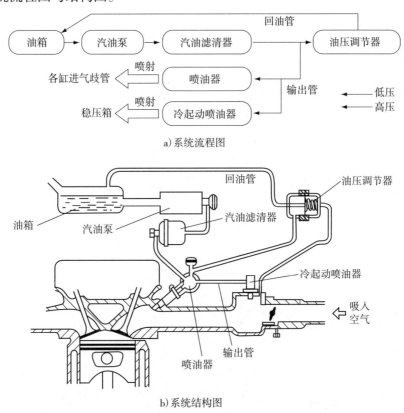

图3-2 上海大众PASSAT B5 AWL发动机燃油供给系统流程图与结构图

燃油系统压力是依靠汽油泵工作建立的,而系统压力的控制,是由燃油压力调节器根据进气歧管真空度进行调节的,当进气歧管压力增大时,燃油压力调节器减少从系统到油箱的回油量,从而使系统的压力增大。

3.1.3 发动机点火控制系统

一般汽车发动机电子点火控制系统,包括点火提前角控制、充电闭合角的控制和爆震控制三个方面。

一、点火提前角控制

发动机控制模块根据发动机转速传感器、空气流量传感器(或进气歧管压力传感器)、节气门位置传感器和爆震传感器等检测信号,控制点火提前角在爆震临界点的极限位置,能有效防止爆震,又保证了发动机的有效输出功率。

二、充电闭合角控制

如果延长点火线圈的通电时间,也就是增大充电闭合角,可提供足够高的点火能量,但充电闭合角角度过大会造成点火线圈烧损;而如果缩短点火线圈的通电时间,也就是减小充电闭合角角度,必然造成点火能量不足。

三、爆震控制

发动机燃烧室发生爆震时,安装在发动机缸体上的爆震传感器会监测到爆震并发出电压信号,当振动频率达到7kHz时,发动机控制模块推迟点火提前角时间,消除爆震。而当爆震消除后,发动机控制模块再将点火提前角时间恢复到爆震发生前的水平,如图3-3所示为爆震控制的原理示意图。爆震传感器信号中断后,发动机控制模块将点火提前角推迟5°~16°,从而导致发动机功率下降,满负荷时发动机无力,排放值超标,油耗增加。

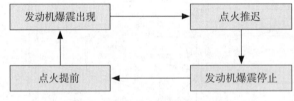

图3-3　爆震控制的原理示意图

3.1.4　发动机怠速控制系统

在发动机温度和负荷发生变化时,发动机控制模块会根据各种传感器的信号,控制怠速执行机构,使发动机的怠速转速保持在合理的范围内。

一、起动和起动后控制

起动时怠速电动机处于最大开启角度,保证起动时有足够量的混合气。当发动机温度达到一定值后,发动机控制模块将怠速电动机控制到与发动机冷却液温度相适应的最佳怠速转速值。

二、暖机过程控制

发动机冷却液温度在70℃以下时,怠速电动机保持一定开度,发动机保持怠速运转,此阶段为暖机过程。当冷却液温度达到70℃后如没有异常,怠速电动机将关闭。

三、怠速提升控制

发动机怠速运转时如使用空调,或自动变速器换挡,或动力转向起作用,发动机控制模块则将怠速控制阀开大,以防止发动机失速。

3.1.5 尾气排放控制系统

现代汽车上采用的尾气排放系统主要有以下五种：
（1）三元催化转换器、氧传感器和闭环控制程序。
（2）废气再循环系统。
（3）早期燃油蒸发控制系统。
（4）二次空气喷射控制值系统。
（5）曲轴箱强制通风系统。

例如上海大众PASSAT B5就安装了三元催化转换器对尾气排放进行处理。而三元催化转换器达到最佳废气净化的前提条件之一，是将空燃比保持在接近理想值的一个狭小范围内，这项任务由安装在三元催化转换器前的氧传感器和闭环控制程序完成。上海大众PASSAT B5还安装了早期燃油蒸发控制系统，以防止油箱中的汽油蒸气直接扩散到大气中去。

3.2 发动机电控系统常见故障分析及诊断方法

在汽车运行过程中，由于汽车设计制造的缺陷、使用环境的影响、使用者的操作习惯以及零配件的正常磨损，都会使发动机整体或局部出现各种故障，有些故障影响不是很严重，而有些故障却可能造成车辆无法正常运行，因此，必须借助检测设备及时确诊故障原因，以便保证车辆的正常运行。

3.2.1 发动机电控系统常见的故障现象

在发动机工作中可以感觉到工作状况发生异常变化的症状，如表3-1所示。

发动机电控系统的故障现象和原因　　　　表3-1

序号	故障现象	故障原因
1	发动机不能起动	起动机不能转动
		起动机能运转：但不点火、不喷油、汽缸压力不正常
2	发动机起动困难	长时间起动才能发动、多次起动才能发动
3	发动机怠速不正常	没有怠速
		有怠速：无快怠速、怠速高、怠速低、怠速抖动、怠速游车、怠速熄火、怠速摆动、怠速忽高忽低
4	发动机运转不良	转速不稳、抖动、喘振、闯车
5	发动机动力不足	最高车速低、爬坡无力
6	发动机加速不良	加速迟滞、加速无力、加速闯车
7	发动机减速不良	加速熄火、不降速、降速慢
8	发动机自动熄火	突然熄火、逐渐熄火
9	发动机无法熄火	关闭点火开关后不熄火

3.2.2 发动机电控系统部件对发动机性能的影响(表3-2)

发动机电控系统部件的影响　　　　　　表3-2

元件名称	功　　能	故　障　现　象
发动机控制模块	对各个传感器输入的信号进行分析、处理,发出各种控制指令,控制整个发动机的运行	(1)发动机无法起动 (2)发动机工作不良、性能失常
空气流量传感器	检测单位时间内的空气量,并将空气流量信号转换成电子信号,输送给发动机控制模块,作为控制喷油量和点火正时的主要参考信号	(1)发动机起动困难 (2)发动机怠速不稳 (3)发动机动力不足,加速不良 (4)发动机容易爆燃 (5)发动机油耗增大
进气歧管压力传感器	检测进气歧管的压力,并将压力信号转换成电子信号输送给发动机控制模块,作为控制喷油量和点火正时的主要参考信号	(1)发动机起动困难 (2)发动机怠速不稳 (3)发动机动力不足,加速不良 (4)发动机油耗增大
曲轴位置传感器	检测发动机曲轴的转速和相位,并将该信号输送给发动机控制模块,作为控制喷油脉冲宽度、点火正时、点火线圈充电闭角、怠速转速的主要信号	(1)发动机无法起动或起动困难 (2)发动机加速不良,怠速不稳 (3)发动机间歇性熄火
发动机冷却液温度传感器	检测发动机冷却液的温度,并将温度信号转换成电子信号,输送给发动机控制模块,作为控制喷油量和点火正时的主要修正信号	(1)发动机起动困难,特别是冷起动困难 (2)怠速不稳,易熄火 (3)发动机性能不佳
进气温度传感器	检测进气空气的温度,并将温度信号转换成电子信号,输送给发动机控制模块,作为确定点火正时、喷油正时及喷油量的修正信号	(1)发动机起动困难 (2)发动机怠速不稳,容易熄火 (3)发动机性能不佳,混合气过浓,油耗过大
大气压力传感器	检测车辆所在地的大气压力,用以识别当地的海拔高度,并将压力信号转换成电子信号,输送给发动机控制模块,作为控制喷油量的修正信号	(1)发动机怠速不稳 (2)发动机工作不良
节气门位置传感器	检测节气门的开度大小和开闭的速率,并将该信号转换成电子信号输送给发动机控制模块,作为判定发动机负荷状态的主要参考信号	(1)发动机起动困难 (2)发动机怠速不稳,容易熄火 (3)发动机动力不足,加速不良
怠速电动机位置传感器	检测怠速电动机的转角位置,并将该信号转变成电子信号输送给发动机控制模块,作为调整怠速空气量的主要参考信号	(1)发动机怠速不稳 (2)发动机容易熄火,起动困难 (3)加速不良

续上表

元件名称	功 能	故 障 现 象
加热型氧传感器	监测排气管中氧气的含量,并将该信号转变成电子信号输送给发动机控制模块,作为判定混合气浓度的主要信号	(1)发动机怠速不稳 (2)发动机油耗过大 (3)发动机尾气排放超标
爆震传感器	检测发动机是否产生爆震,并将爆震信号转变成电子信号输送给发动机控制模块,作为控制点火提前角的主要参考信号	(1)发动机容易爆震,特别是加速时爆震明显 (2)点火正时不准,发动机工作不良
废气再循环阀位置传感器	检测废气再循环阀的开度,并将该信号输送给发动机控制模块,作为识别废气再循环量大小的参考信号,用以控制NO_x的排放量	(1)发动机怠速不稳,容易熄火 (2)NO_x的排放量超标 (3)发动机性能不佳
喷油器	根据发动机控制模块发出喷油脉冲信号,向进气歧管喷入适量的燃油	(1)发动机无法起动 (2)发动机加速无力,动力性差
点火控制模块	接受发动机控制模块的指令,将点火信号放大,控制点火线圈初级电流的通断	(1)无高压火花 (2)高压火花强度不足 (3)发动机起动困难
电动燃油泵	在接通点火开关后,可运转5~9s,以补充系统初始油压;起动后,向系统连续供油	(1)发动机起动困难或无法起动 (2)发动机工作不良,运转不稳,发动机运转中有"打嗝"现象 (3)发动机运转无力,汽车加速性能差
燃油滤清器	用于滤除燃油中的杂质	(1)发动机起动困难或无法起动 (2)发动机起动后熄火或运转途中熄火 (3)发动机运转无力,汽车加速性差
燃油压力调节器	调节燃油系统压力,使其稳定供油	(1)发动机起动困难或无法起动 (2)发动机加速无力,高速性能差
怠速控制电动机	发动机控制模块根据各种传感器的信号,确定发动机的怠速工况,指令怠速控制电动机做出合适的动作,控制怠速时的进气量,维持发动机的怠速运行	(1)怠速不稳,容易熄火 (2)起动困难 (3)开空调易熄火 (4)怠速过高 (5)发动机易失速

续上表

元件名称	功 能	故 障 现 象
曲轴箱强制通风阀(PCV)	曲轴箱强制通风阀开启时，将曲轴箱内的燃油、机油蒸气和曲轴箱的废气引入进气管，以降低废气排放	（1）发动机不易起动 （2）无怠速或怠速不稳 （3）加速无力、油耗增加
废气再循环阀(EGR)	控制废气引入燃烧室的量，从而降低发动机的温度，减少 NO_x 的排量	（1）发动机温度过高 （2）发动机不易起动 （3）发动机无力、油耗量大 （4）发动机容易爆震 （5）发动机加速不良 （6）NO_x 排放量过高 （7）减速熄火
活性炭罐电磁阀	发动机起动后，发动机控制模块指令炭罐电磁阀工作，使炭罐内的燃油蒸气经由电磁阀进入燃烧室	（1）发动机性能不佳 （2）发动机怠速不稳 （3）混合气浓度不正确

3.2.3 汽油发动机燃油供给系统的故障诊断

汽油发动机燃油供给系统的作用，是将合适量的汽油在合适的时候，以合适的状态喷射进气门后或汽缸内，如果喷油量不准确，就会造成混合气不是偏稀就是偏浓，发动机的动力性、经济性和排放性能都会发生变化；如果喷油时间不准，就可能造成混合气的浓度不均匀，进气歧管内还会有大量的积炭形成，影响发动机的运行性能；如果喷射状态不好，就会影响燃烧质量，造成部分汽油不能完全燃烧，而排出大量的 HC 和 CO。因此，对汽油发动机燃油供给系统的测试就直接决定了发动机能否正常工作。

一、电控燃油喷射系统的基本检查

❶ 燃油系统压力的检查

汽油压力直接影响到汽油的输送与喷射效果。如果汽油压力过高，使汽油与空气的混合比过浓，即喷油过量。而如果汽油压力过低，也会造成发动机缺油无法正常运转。汽油压力的检测能发现汽油泵、压力调节器、各种止回阀、汽油滤清器、喷油器和回油管道等方面的问题。

在多点燃油喷射系统中，有的系统管路安装有油压检测孔，有的系统管路中没有安装油压检测孔，例如上海大众 PASSAT B5 AWL 发动机就没有安装，有油压检测孔的可将油压表直接接在油压检测孔上（不同车系的油压检测孔应采用不同的油压检测接头），没有油压检测孔的可断开进油管,将三通油压表串接在系统管路中,如图3-4所示。

注意:在连接油压表前,首先应释放燃油箱内的压力和系统管路中的油压。

(1)初始油压。

初始油压是点火开关打开后,未起动发动机时,发动机控制模块控制油泵运转几秒后所建立起来的系统油压。初始油压等于燃油压力调节器在无真空供给情况下的系统油压调节值,通常为最大工作油压。若初始油压在点火开关打开几秒后,能够达到正常值,说明发动机控制模块、油泵继电器、油泵电路、油泵本身工作都基本正常。

(2)系统压力的检查。

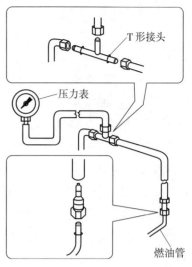

图3-4 燃油压力表的连接

燃油压力调节器根据进气歧管的压力来调节燃油系统的压力,从而使喷油器内外的压力差值在任何转速及负荷时均保持相同。

检查燃油系统压力时通常要求:

①燃油泵继电器正常;

②燃油泵正常;

③燃油滤清器正常;

④蓄电池电压不低于12.7V;

⑤带自动变速器的车,变速杆应在P或N挡位置。

起动发动机,使之怠速运转,测量燃油压力,燃油压力值应约为250kPa;然后拔下如图3-5所示的燃油压力调节器上的真空软管,燃油压力应升至约300kPa。

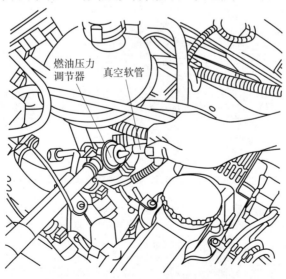

图3-5 拔下油压调节器上的真空软管

（3）残余压力的检查。

关闭点火开关,检查燃油供给系统的密封性和保持压力的能力,注意压力表上读数的下降值,10min后,压力应不小于150kPa。如果压力降至150kPa以下,说明油泵内的单向阀关闭不严、个别喷油器密封不严、油压调节器关闭不严等。

❷ **喷油器工作性能的检查**

（1）单位时间喷油量的检查。

用喷油器清洗实验台测试发动机所有喷油器,在相同的压力下、相同的时间内的燃油喷射量,所有汽缸的喷油量应符合要求,否则,应进行清洗并重新进行测量,再次测量后还达不到要求,就应当更换所有喷油器。

（2）喷油器喷射角度的检查。

在检查喷油器单位时间内的喷油量时,也要注意检查喷油形状,所有喷油形状应相同。如果形状不符合要求,应进行清洗并重新进行测量,再次测量后还达不到要求,就应当更换所有喷油器。

（3）喷油器密封性的检查。

利用喷油器清洗实验台给喷油器增加一定的汽油压力,观察喷油器是否有燃油泄漏。每个喷油器每分钟漏油不应多于1~2滴。如果漏油量大,应进行清洗并重新进行测量,再次测量后还达不到要求,就应当更换所有喷油器。

❸ **燃油泵继电器的测试**

如图3-6所示为上海大众PASSAT B5 AWL发动机燃油泵继电器控制电路,从图中不难看出,燃油泵、喷油器、活性炭罐电磁阀和氧传感器加热线圈电压供应,都是由燃油泵继电器进行控制。

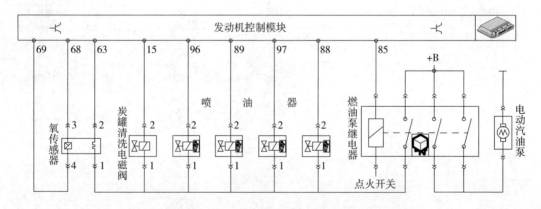

图3-6 上海大众PASSAT B5 AWL发动机燃油泵继电器控制电路

当打开点火开关,发动机控制模块的4#端子就会搭铁,使燃油泵继电器85号端子搭铁,立即使继电器触点吸合,电动燃油泵开始运转。如果发动机没有起动,发动机控制模块检测不到转速信号,就会自动切断燃油泵继电器85号端子搭铁,终止对燃油泵供电,燃油泵停止运行。

在测试时，首先确保蓄电池电压正常，燃油泵继电器熔断丝及其相关电路正常，然后打开点火开关，用 VAG1552 输入 03 功能项，选择"最终诊断"，可以听到燃油泵继电器的动作声，否则，按照如图 3-7 所示的方法进行诊断。

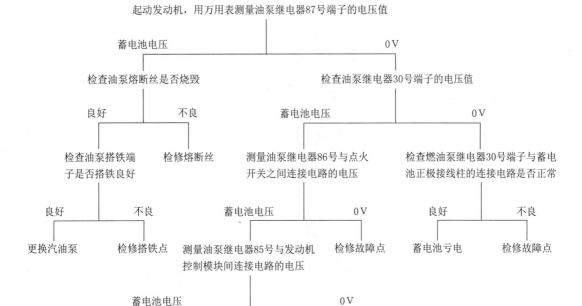

图3-7 油泵继电器及其控制电路的检修

二、利用氧传感器信号来判定发动机电控燃油喷射系统的运行性能

氧传感器输出信号电压的高低与汽缸内混合气的浓度、汽缸密封性和混合气的燃烧质量，以及进排气系统的性能均有关系。因此，它的信号能很好体现出发动机内混合气的燃烧情况。

如果氧传感器的输出信号能以很高的频率在最高和最低电压之间切换，如图 3-8 所示，说明燃油系统乃至整个发动机燃烧系统工作都是正常的。如果确认氧传感器没有故障，而氧传感器电压持续偏高、偏低或出现杂波，则说明发动机存在故障，见表 3-3。

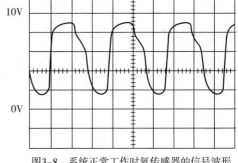

图3-8 系统正常工作时氧传感器的信号波形

氧传感器电压异常的故障现象和原因　　　　　表3-3

序号	故 障 现 象	故 障 原 因
1	氧传感器电压偏高，电压波形如图 3-9 所示	混合气过浓

续上表

序号	故障现象	故障原因
2	氧传感器电压偏低，电压波形如图3-10所示	（1）混合气过稀 （2）个别火花塞不点火 （3）点火能量不足 （4）点火提前角偏小 （5）排气门关闭不严 （6）配气相位不准 （7）排气管漏气 （8）氧传感器损坏 （9）氧传感器加热线圈不能正常工作
3	氧传感器电压产生杂波，如图3-11所示	（1）由于缺缸的原因 ①由于点火系统的故障而造成缺缸 ②由于混合气过稀而造成缺缸 ③由于混合气过浓而造成缺缸 ④由于汽缸压缩不良而造成缺缸 ⑤由于真空泄漏而造成缺缸 ⑥由于喷油嘴工作不平衡而造成缺缸 （2）由于系统的设计原因 （3）由于系统设计中存在的缺陷

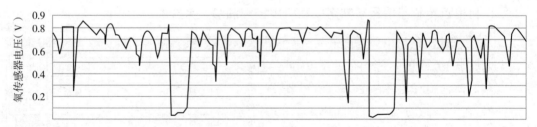

图3-9　氧传感器信号电压持续偏高的电压波形

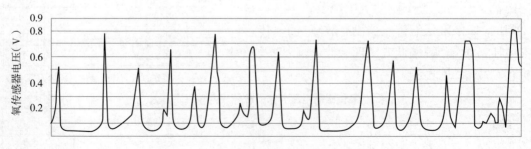

图3-10　氧传感器信号电压持续偏低的电压波形

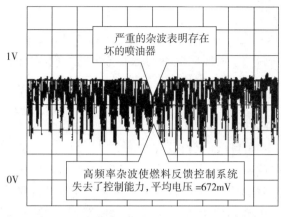

图3-11　氧传感器信号电压嘈杂的电压波形

三、用喷油器的喷油脉冲宽度信号判定电控燃油喷射系统性能（中职学生可选择性教学）

发动机控制模块根据各种传感器的工况信息来确定喷油器的脉冲宽度，利用喷油器脉冲宽度信号可以判断发动机控制模块在特定的工况条件下，对喷油器喷油量的控制功能是否正常。判断的具体方法是当发动机的运行工况或混合气浓度发生变化时，查看喷油嘴脉冲宽度是否发生相应的变化。

❶ 测试仪器的选择

为了能实时测试出喷油器的喷油脉冲宽度随工况信息变化而变化的过程，建议使用显示速率比较快而且比较直观的测试仪器，最好是汽车专用示波器。

❷ 测试仪器的连接

如图3-12所示为利用示波器测量喷油器脉冲宽度信号时的检测探针连接示意图，测试时把示波器的负极检测探针连接到蓄电池的负极接线柱或发动机的搭铁上；把示波器的正极检测探针连接到从发动机控制模块引出的喷油嘴控制信号线上（喷油嘴的脉冲信号端）。

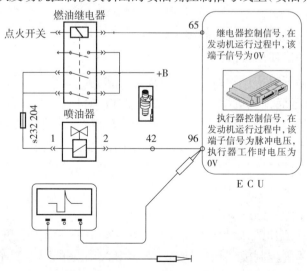

图3-12　利用示波器测量喷油器脉冲宽度信号时的检测探针连接示意图

❸ 测试过程及其结果

在发动机起动过程、暖机过程、怠速过程、加速过程、减速过程、小负荷、中负荷以及大负荷等特定工况条件下,观察喷油器的脉冲宽度是否符合技术要求。

如图3-13所示为喷油器脉冲宽度信号波形。正常情况下,在发动机起动过程中,为保证发动机的起动性能,需要很长的喷油器脉冲宽度信号来提供足够的燃油,而且温度越低,脉冲宽度越长;在发动机暖机过程中,为缩短暖机时间,提高发动机运行稳定性,需要适当地加浓混合气,而且温度越低,加浓量越大,因此,喷油器脉冲宽度信号应适当地进行调整;发动机在怠速运转过程中,为维持发动机运转的稳定性,需要对混合气进行适当的加浓,即增大喷油器的脉冲宽度;而在发动机加速特别是急加速时,为保证发动机的动力性,需要比较大幅度地加浓混合气,即喷油器的脉冲宽度会明显增大;在发动机减速过程中,为节省燃油,减少尾气污染,需要进行断油控制,即喷油器的脉冲宽度信号会减小到喷油器不足以打开的地步;在发动机以大负荷状态运行时,为保证发动机的动力性,需要适当加浓混合气,即在中小负荷的基础上喷油器的脉冲宽度会适当地增大。

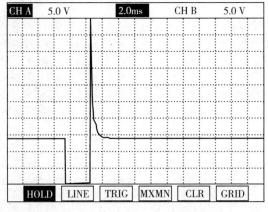

图3-13 喷油器脉冲宽度信号波形

如果不符合要求,可能的故障原因是:

(1)发动机控制模块出现故障。

(2)相关传感器未能正确反映发动机的运行工况。

如果人为地制造混合气过浓,喷油器的喷油脉冲宽度应逐步减小;而如果人为地制造混合气过稀,喷油器的喷油脉冲宽度应逐步增大;在发动机以经济转速运转时,喷油器的喷油脉冲宽度应在稍大和稍小之间转换,从而使混合气的浓度在正常的稀浓间来回转换,以保证三元催化转换器正常运行,否则,说明发动机反馈燃油控制系统处在开环运行状态,这主要是由于以下原因:

(1)发动机控制模块内部没有闭环控制程序。

(2)发动机闭环工作的条件尚不能满足,例如发动机冷却液温度传感器的信号电压过高,从而造成发动机控制模块错误地以为发动机冷却液的温度尚未达到正常值,所以无法进入闭环。

（3）氧传感器及其线路可能出现故障，如果由于氧传感器本身的故障，或者线路的故障，造成发动机控制模块不能正确地感知到混合气的变化。

四、用尾气分析仪判定机电控燃油喷射系统的运行性能（中职学生可选择性教学）

尾气分析不仅是检查排放污染物治理效果的唯一途径，而且还是对发动机工作状况及性能进行判断的重要手段。它是在发动机不同工况下，通过检测废气中不同成分气体的含量来判断发动机故障的方法，其目的是对发动机的燃烧状况进行综合评价。分析的内容有混合气空燃比、点火正时及催化器转化效率等，分析的参数有碳氢化合物（HC）、一氧化碳（CO）、氮氧化合物（NO_x）、二氧化碳（CO_2）和氧（O_2），还有空燃比（A/F）或过量空气系数。

1 尾气分析仪的类型

（1）二尾气分析仪：能测量碳氢化合物（HC）、一氧化碳（CO），这种尾气分析仪在早期的汽车检测和维修过程中经常使用，随着现在对于环保的要求越来越严格，这种尾气分析仪已经淘汰。

（2）四尾气分析仪：能测量碳氢化合物（HC）、一氧化碳（CO）、二氧化碳（CO_2）和氧（O_2），在NO_x排放没有要求的地区或无法配备发动机测功装置或底盘测功设备的实验室，可以配备使用这种分析仪，很多发动机综合分析仪上配备的尾气分析模块通常能测量的就是这四种尾气。

（3）五尾气分析仪：能测量碳氢化合物（HC）、一氧化碳（CO）、氮氧化合物（NO_x）、二氧化碳（CO_2）和氧（O_2），是目前测试项目最全的尾气分析仪，可以在车辆运行过程中对汽车尾气进行全工况测试，也可以和发动机测功装置或底盘测功装置配合使用，测试特定工况下汽车或发动机尾气的排放情况。目前根据环保要求，现在各地修理厂采用的尾气分析仪都是五尾气分析仪。如图3-14所示为美国斯必克公司生产的五尾气分析仪。

2 尾气排放标准

碳氢化合物（HC）、一氧化碳（CO）、氮氧化合物（NO_x）的排放标准可以参考车辆维修手册上的技术数据。

CO_2和O_2都是按百分比为单位显示测量结果。如果发动机燃烧正常，那排气管排出的尾气中CO_2应占13.8%~15%，O_2应占1.0%~2.0%。

氧气（O_2）的含量是燃烧效果的一个很好的表征参数。如果发动机汽缸内的混合气变浓，那排气管中O_2的含量就会降低；如果发动机汽缸内的混合气变稀或者混合气未完全燃烧，那排气管中O_2的含量就会增加。

二氧化碳（CO_2）是燃烧的必然产物，因此CO_2的百分比含量取决于影响燃烧效率的各种因素，例如混合气的浓度、点火能量、汽缸压力等。当发动机怠速运转时的空燃比是14.7：1时，CO_2的含量应该在规定的范围内。当空燃比变大或变小时，CO_2的百分比含量都会降低。

❸ 尾气分析仪的工作原理

车辆废气中的 CO、HC、NO 和 CO_2 等气体，都具有能吸收一定波长范围红外线的能力，而且红外线被吸收的程度与废气浓度之间有一个成正比的关系。不分光红外线分析法就是利用这一原理，即根据废气吸收一定波长红外线能量的变化，来检测废气中各种污染物的浓度。如图 3-15 所示为不分光红外线分析法测试汽车尾气的原理。

 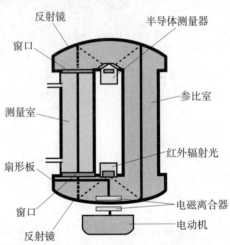

图3-14 美国斯必克公司生产的五尾气分析仪　　图3-15 不分光红外线分析法测试汽车尾气的原理

❹ 用四气分析仪的测试结果进行系统诊断（表3-4）

汽车尾气排放异常的故障现象和原因　　表3-4

序号	TWC 以前的尾气排放量趋势	故障原因
1	CO 高、CO_2 低、HC 高、O_2 高	（1）混合气燃烧速度过低 （2）点火提前角过小 （3）发动机的温度偏低 （4）汽油质量差 （5）汽缸压力不足
2	CO 高、CO_2 低、HC 高、O_2 低	混合气过浓
3	CO 低、CO_2 低、HC 高、O_2 高	（1）混合气过稀 （2）火花塞不能发出电火花 （3）排气门关闭不严（严重） （4）EGR 系统故障（EGR 量过大）
4	CO 低、CO_2 低、HC 低、O_2 高	（1）排气管密封不严 （2）个别汽缸的喷油器不能喷射出燃油

续上表

序号	TWC 以前的尾气排放量趋势	故 障 原 因
5	TWC 以前 NO_x 排放量过高	（1）发动机温度过高
		（2）EGR 系统工作不正常
6	TWC 以后 NO_x 排放量过高	TWC 损坏

注：TWC（Three-Way Catalyst）三元催化转换器。

五、用解码器进行燃油喷射控制系统的诊断与测试（中职学生可选择性教学）

现代汽车发动机控制系统都带有自适应的燃油控制，它能使发动机控制模块根据部件的磨损和老化进行喷油器脉冲宽度的修正。这种自适应的燃油修正是基于氧传感器的输入信号，如果发动机控制模块检测到由于部件的磨损而造成氧传感器信号的长时间偏移，就会对燃油系统的运行即喷油器的喷油脉冲宽度进行必要的修正。

自适应的修正还能不断改变发动机控制模块内的基础标定值，以补偿由于大气压力、进气温度、燃油分子结构的变化以及传感器和执行器的微量偏差（老化）而导致的喷油量的变化。

自适应的修正是一种基于短期燃油修正系数而进行的长期修正。当然自适应策略的修正有一定的限值，以防止出现不安全或不正确的燃油喷射和点火正时。

可以通过下列数据流参数进行监视。

（1）短期燃油修正：短期燃油修正系数代表燃油计量的情况和短期或暂时的修正，短期燃油修正是根据氧传感器的信号进行。短期燃油修正系数也是在 -100%（GM 车为 0）到 +100%（GM 车为 255）之间变化，0%（GM 车为 128）是中值。低于 0% 的数值表示发动机控制模块在减少燃油的供给量，而高于 0%（GM 车为 128）的数值表示发动机控制模块在增大燃油的供给量，在正常过程中，该系数应在正负值之间切换。

（2）长期燃油修正：长期燃油修正系数代表燃油计量的情况和长期的修正。该数值在 -100%（GM 车为 0）到 +100%（GM 车为 255）之间变化，0%（GM 车为 128）是中值。低于 0% 的数值表示自适应修正要求稀的混合气，高于 0%（GM 车为 128）的数值表示自适应修正要求浓的混合气。

由此可以看出：当长期燃油修正系数等于中值时，说明发动机控制模块无需对其内部的基准数据进行任何修正；而当短期和长期燃油修正系数大于中值时，说明发动机控制模块正在增加混合气的浓度，此时的混合气实际偏稀；而当短期和长期燃油修正系数小于中值时，说明发动机控制模块正在降低混合气的浓度，此时的混合气实际偏浓。

对于正常的发动机而言，长期燃油系数应为 0，而短期燃油系数应在中值左右切换。

3.2.4 汽油发动机点火系统的故障诊断（中职学生可选择性教学）

点火系统是汽油发动机非常重要的一个系统，其作用是在汽缸压缩行程终了时，向火花塞提供点火高压，点燃汽缸内的可燃混合气。对点火系统的要求是准时、可靠并且有足够的能量，以适应不同的发动机工况。

按照系统组成和工作原理的不同，点火系统可以分为传统触点式点火系统、半导体辅助的触点式点火系统、普通电子点火系统、微机控制的分电器点火系统、微机控制的无分电器点火系统。目前汽车上通常采用的都是微机控制的点火系统，如果点火系统工作不良，通常会导致发动机的动力性、经济性和排放性能下降，具体表现的故障现象有：发动机不能起动、起动困难、怠速不稳、怠速过低、发动机加速不良、发动机动力不足、油耗过大。

对于不同的点火系统而言，造成点火系统故障的原因有很大的区别，但总的来说不外乎点火正时故障和点火能量故障两个方面。

一、点火正时的检查

现在很多车辆的点火正时都是由发动机控制模块进行控制，无需人工进行调整，发动机上也不再安装正时轮，因此用传统的点火正时灯无法获取点火提前角的数值。多数电控发动机可以用解码器的数据流功能获知点火提前角的大小。下面介绍的点火提前角的测试方法主要适合对传统的点火系统进行测试。

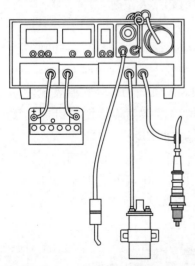

图3-16 点火提前角测试仪的连接

（1）如图3-16所示，将点火提前角测试仪的电源线与被测汽车的蓄电池连接，注意：测试仪的红色夹子夹在蓄电池正极接线柱上，黑色夹子夹在蓄电池负极接线柱上。

（2）将转速信号夹夹在第一缸分缸线上，并将点火线圈初级"—"端与另一信号夹连接。

（3）接通电源，待系统自检正常后，起动发动机。

（4）调整正时灯，使发动机上的正时刻线与正时轮上的标记对正，检测结果随发动机转速的变化而变化，并通过显示屏显示出来（拔下分电器真空管后测得值即为点火提前角）。

（5）将检测结果与各种状态下的标准值进行对比，即可判断点火提前角是否符合要求。

二、点火系统工作电压的测试

对于点火系统的测试，通常采用点火示波器获取点火波形后进行检测和故障诊断，有些发动机综合分析仪上也带有点火测试模块，同样也可以获取初级和次级点火波形，如图3-17所示为利用博世公司生产的FSA450汽车专用示波器测试发动机初级点火波形，如图3-18所示为利用博世公司生产的FSA740发动机综合分析仪测试发动机次级点火波形。

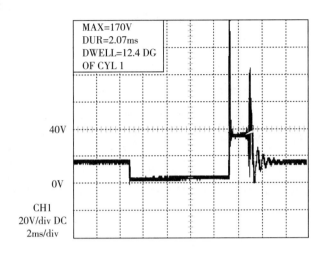

图3-17　FSA450汽车专用示波器测试发动机初级点火波形

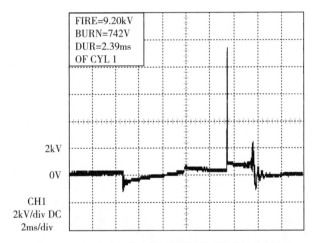

图3-18　FSA740发动机综合分析仪测试发动机次级点火波形

通过测试点火系统的次级电压波形，可以对点火系统的运行状况有清楚的了解，从而尽快诊断出点火系统乃至整个发动机控制系统的运行状况。

按信号拾取点的不同，点火波形可以分成初级点火电压波形（图3-19）和次级点火电压波形（图3-20），按波形的显示方式可以分为单缸波形（图3-21）、阵列波形（图3-22）、重叠波形（图3-23）和并列波形（图3-24）。本单元主要介绍利用次级点火波形进行检测和故障诊断的有关内容。

单缸波形分为单缸初级点火波形和单缸次级点火波形，单缸点火初、次级波形最直接地反映出点火基本的特征，是深入诊断点火系统故障的主要参考波形，单缸波形在显示时，整个屏幕上只有一个波形，它可以全面反映出点火线圈的工作情况，也可以反映某缸点火的具体情况。通过单缸点火波形，可以获取以下参数：点火初级击穿电压、点火次级击穿电压、火花跳火持续时间、火花电压、衰减振荡次数、实际闭合角。

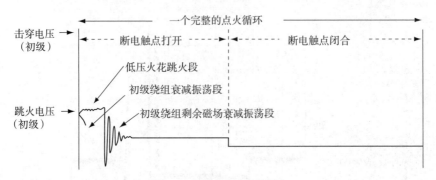

图3-19 初级点火波形示意图

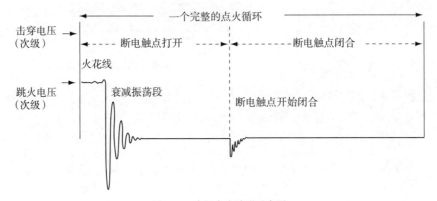

图3-20 次级点火波形示意图

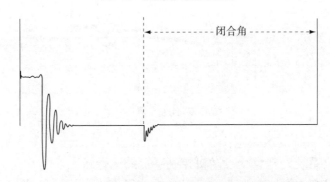

图3-21 单缸显示的次级点火波形

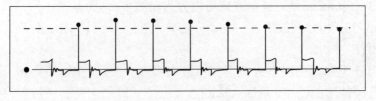

图3-22 阵列显示的次级点火波形

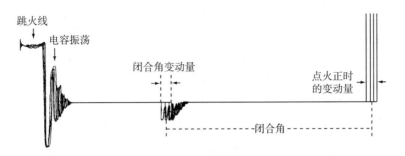

图3-23 重叠显示的次级点火波形

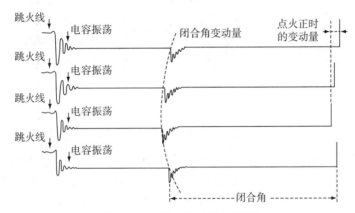

图3-24 并列显示的次级点火波形

阵列波是在示波器屏幕上按照点火顺序,从左往右依次显示每个汽缸点火波形的一种显示方式,这种显示方式可以比较各缸在垂直电压坐标上各种电压值(击穿电压、火花电压)的差异,阵列波主要用于观察各缸点火击穿电压的差值,还可以用比较法确定哪些汽缸点火不良。

重叠波是在示波器屏幕上把每个汽缸的点火波形重叠在一起的一种显示方式,这种显示方式主要用于观察各缸触点闭合时的差异区段以及点火时刻的差异区段,进而分析各缸闭合角的差异,最终分析凸轮轴和断电器触点的磨损及工作状况。

并列波是在示波器屏幕上按照点火顺序从上到下依次显示每个汽缸点火波形的一种显示方式,这种显示方式主要用于比较各缸在水平时间坐标上不同区段的时间差异(跳火时间、闭合角或闭合时间),可以用比较法观察点火波形各缸间的差异。

点火电路次级高压瞬间电压能高达几万伏,所以不能直接进行测试,通常是将电容式高压检测探针夹于点火线圈高压线出口处的高压线外皮上,如图3-25所示。因为各缸点火是按照一定的顺序进行的,因此需要从第一缸高压线上拾取一个同步信号,以便在测试时分清不同汽缸的波形,一般是在一缸高压线上安装一个电感式触发探针,以便在点火示波器上确定每缸点火波形在显示屏中的位置。

通过点火波形曲线,可以分析每个汽缸的点火线圈充电闭合角是否符合要求;可以通过击穿电压分析点火线圈和次级线路的技术参数是否符合要求;可以通过燃烧曲线上的燃烧电压或燃烧时间比较各个汽缸的混合气浓度是否一致;通过燃烧曲线可以确定是否由于个别火花塞的污损而造成点火缺缸;对于传统触点式点火系统而言,通过电磁振荡的周期数,可以分析电容器的性能是否符合要求。

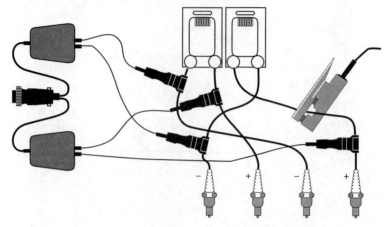

图3-25　示波器次级电压检测探针的连接

在急加速时,点火系统次级电压还可以用来测定在加速时特定汽缸的最高击穿电压和与别的汽缸是否一致。这种测试还能帮助确定在大载荷或急加速工况条件下点火缺缸的汽缸序号,并且能提供关于每个特定汽缸点火质量的有用信息。

（1）查看点火充电闭合角曲线,如图3-23所示,可以得到以下诊断信息:

①查看点火线圈开始充电时的波降时刻各缸能否保持一致,以此可以判定分电器凸轮轴是否异常磨损或信号发生器(电磁传感器的信号齿轮、霍尔传感器的叶片)是否加工异常;

②查看闭合角的大小能否根据发动机工况的大小进行正确的调整;

③查看在点火线圈的充电时间内充电电流是否达到饱和;

④查看每个汽缸的闭合角能否保持一致。

（2）查看点火曲线,如图3-21所示,可以得到以下诊断信息:

①查看击穿电压大小的变化是否满足发动机工况变化的需要;

②查看击穿电压在各缸间能否保持一致。

通常情况下,在现代的高能点火系统中,波形上的击穿电压在15~30kV之间,而击穿电压的高低主要取决于火花塞的间隙、火花塞高压线的电阻、发动机的压缩比和混合气的质量。在双火花塞的无分电器电子点火系统中,废气汽缸的点火电压通常要比做功汽缸的点火电压要低,通常在5kV左右。通过击穿电压的高低来判定点火系统存在的故障。

如果不考虑混合气的浓度和汽缸压力等其他因素对点火系统击穿电压的影响,各缸之间的击穿电压应是相同的,如果有一缸击穿电压比其他缸高,则表明:

①该缸的分缸高压线路电阻过大,这意味着火花塞高压线的开路或电阻过大;

②火花塞的间隙过大。

而如果有一缸的击穿电压比其他缸的低很多,则表明:

①该缸的分缸高压线路出现短路;

②火花塞间隙过小;

③火花塞出现裂缝;

④火花塞脏污。

(3)查看燃烧曲线,可以测量到燃烧电压,如图3-21所示,从而得到以下诊断信息:

①查看各缸的燃烧电压是否保持相对一致。这能显示火花塞点火能力的均匀性,同时反映出汽缸内混合气的浓度。如果混合气过浓,燃烧电压比正常值要低;而如果混合气过稀,燃烧电压比正常值要高。

②查看燃烧曲线是否特别干净,没有杂波。燃烧曲线上如果有很多杂波,则表明汽缸内混合气的燃烧过程很不稳定。

③燃烧曲线的持久性或时间跨度反映了汽缸内混合气的浓度。如果燃烧曲线的时间跨度过长,通常大于2ms,则表明混合气过浓,而如果燃烧曲线的时间跨度过窄,通常小于0.75ms,则表明混合气过稀。

(4)通过点火线圈的电磁振荡曲线,如图3-20所示,可以得到以下诊断信息:查看燃烧曲线后是否含有大于3个周期的振荡波形。如有,表明点火线圈性能良好(同在触点式点火系统中的电容器)。

3.2.5 怠速空气控制系统的故障诊断

发动机怠速空气控制系统的作用有三个:一是在发动机怠速运转时,如果冷却液的温度尚未达到正常的工作温度,怠速空气控制系统会适当提高发动机的进气量,以提高发动机的功率,加快暖机过程;二是在发动机怠速运转时,如果发动机的负荷增加,例如打开空调、转动转向盘、切入驱动挡或打开汽车用电设备等,为了防止发动机失速,怠速空气控制系统会适当提高发动机的进气量,以提高发动机的功率;三是在汽车急减速时,节气门突然关闭,为防止进气量突然减小、混合气过浓而造成发动机熄火,需要在减速过程中适当增大怠速空气量,以防止发动机熄火。因此,尽管各个车型的怠速空气控制系统的结构和控制原理有所不同,但实现的目的应该是相同的。

按照进气量的调节方式,可以分为节气门直动式和旁通空气式;而按照怠速控制阀的结构原理可以分为:步进电机式、旋转电磁阀式和电磁开关式。电磁开关式由于控制精度不高,已经被淘汰,有关旋转电磁阀和步进电机电磁阀的测试,本书将在其他章节介绍,本节主要讲解节气门直动式的怠速空气控制机构的检测和故障诊断方法。

一、测试目的

主要目的是为了测试发动机温度或载荷发生变化时,或者发动机突然减速时,发动机控制模块能否发出正常的驱动信号,节气门体能否正常动作,发动机的转速是否发生正常的变化。

二、测试过程

如图3-26所示,以上海大众PASSAT B5 AWL发动机节气门位置传感器为例。为利用万用表或示波器测试节气门开度信号的连接示意图,测试时,模拟不同的温度或负荷,或者模拟发动机的急减速过程,用万用表测量节气门位置传感器的输出信号,查看节气门的开度能否随着工况的变化进行正确的调整。

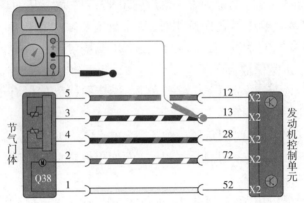

图3-26 利用万用表或示波器测试节气门开度信号的连接示意图

三、结果分析

当发动机负荷发生变化时,发动机控制模块(ECU)应当发出怠速控制指令。此时,怠速控制电动机应调节节气门的开度,进而改变发动机的转速。如果信号发生变化,而发动机转速不会有太多的变化,则表明可能是怠速空气控制电动机出现故障,也可能是怠速执行机构出现故障。

3.2.6 发动机常见故障的分析和诊断过程

不同厂家的不同车型的发动机,其结构和控制原理都不同程度的存在差异,因此相同的故障现象的故障成因也有很大的差异,下面所列举的故障原因主要来自上海大众PASSAT B5 AWL和丰田5A发动机。

一、发动机不能起动的故障分析和诊断过程(表3-5)

发动机不能起动的故障诊断   表3-5

故障现象	故障原因	诊断过程
用汽车点火开关起动发动机,发动机无法起动	(1)发动机控制模块存在严重故障	如图3-27所示为发动机不能起动的故障诊断过程
	(2)部分核心执行器工作不良	
	(3)汽油泵工作不良	
	(4)汽油泵继电器工作不良	
	(5)燃油管路工作不良(例如严重泄漏或堵塞)	
	(6)冷却液温度传感器工作不良	

续上表

故障现象	故障原因	诊断过程
用汽车点火开关起动发动机,发动机无法起动	(7)进气歧管压力传感器或空气流量传感器工作不良	
	(8)发动机基础调整值不合理	
	(9)发动机怠速调整不良	
	(10)燃油系统压力不符合要求	
	(11)喷油器工作不良	
	(12)进气系统密封不良	
	(13)点火正时严重失准	
	(14)火花塞工作不良	
	(15)点火线圈工作不良	
	(16)高压线工作不良	
	(17)分电器工作不良	
	(18)转速传感器工作不良	

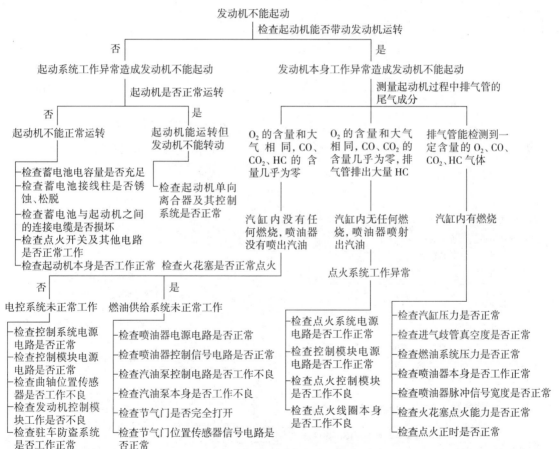

图3-27 发动机不能起动的故障诊断过程

二、发动机起动困难的故障分析和诊断过程(表3-6)

发动机起动困难的故障诊断　　　　　　　　　表3-6

故障现象	故障原因	诊断过程
在发动机起动过程中，起动机可以带动发动机转动，发动机有起动征兆但始终不能起动	(1)发动机控制模块存在故障 (2)部分执行元件的故障 (3)汽油泵内部的止回(单向)阀工作不良 (4)活性炭罐装置工作不良 (5)燃油系统泄漏 (6)发动机冷却液温度传感器工作不良 (7)进气歧管压力传感器或空气流量传感器工作不良 (8)发动机基础调整值不合理 (9)发动机怠速调整不良 (10)燃油系统压力不符合要求 (11)喷油器工作不良 (12)进气系统密封不良 (13)点火正时严重失准 (14)火花塞工作不良 (15)点火线圈工作不良 (16)真空软管工作不良 (17)转速传感器工作不良	如图3-28所示为发动机起动困难的故障诊断过程

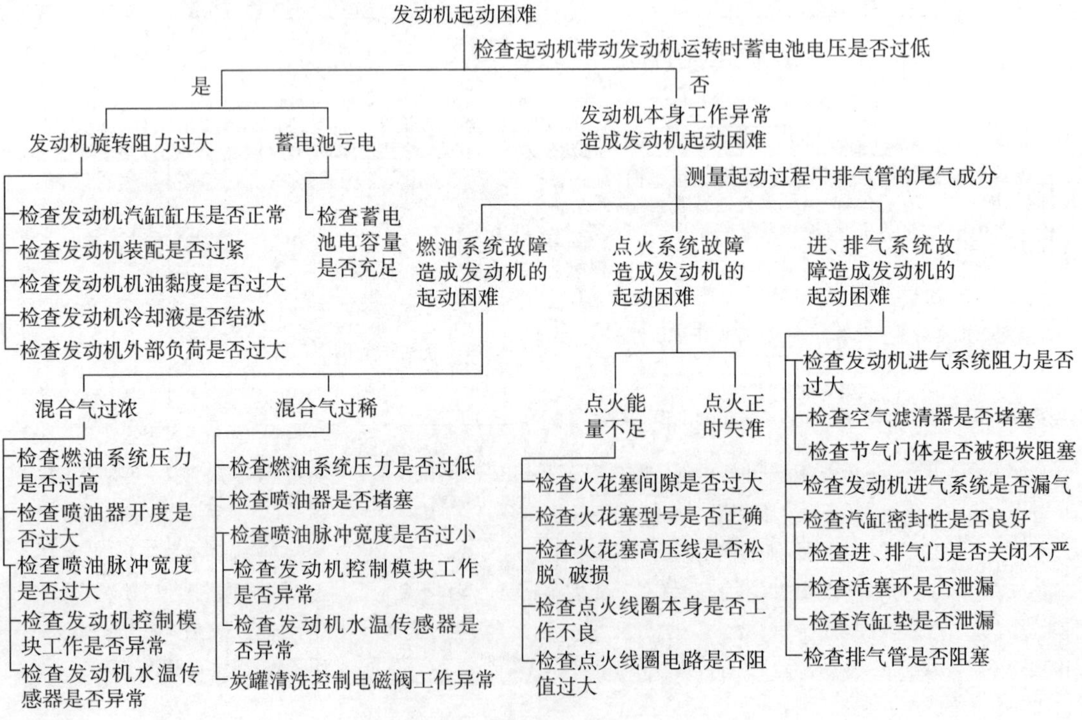

发动机起动困难
↓
检查起动机带动发动机运转时蓄电池电压是否过低

是 →
- 发动机旋转阻力过大
  - 检查发动机汽缸缸压是否正常
  - 检查发动机装配是否过紧
  - 检查发动机机油黏度是否过大
  - 检查发动机冷却液是否结冰
  - 检查发动机外部负荷是否过大
- 蓄电池亏电
  - 检查蓄电池电容量是否充足

否 → 发动机本身工作异常造成发动机起动困难
↓
测量起动过程中排气管的尾气成分

- 燃油系统故障造成发动机的起动困难
  - **混合气过浓**
    - 检查燃油系统压力是否过高
    - 检查喷油器开度是否过大
    - 检查喷油脉冲宽度是否过大
    - 检查发动机控制模块工作是否异常
    - 检查发动机水温传感器是否异常
  - **混合气过稀**
    - 检查燃油系统压力是否过低
    - 检查喷油器是否堵塞
    - 检查喷油脉冲宽度是否过小
    - 检查发动机控制模块工作是否异常
    - 检查发动机水温传感器是否异常
    - 炭罐清洗控制电磁阀工作异常
- 点火系统故障造成发动机的起动困难
  - **点火能量不足**
    - 检查火花塞间隙是否过大
    - 检查火花塞型号是否正确
    - 检查火花塞高压线是否松脱、破损
    - 检查点火线圈本身是否工作不良
    - 检查点火线圈电路是否阻值过大
  - **点火正时失准**
- 进、排气系统故障造成发动机的起动困难
  - 检查发动机进气系统阻力是否过大
  - 检查空气滤清器是否堵塞
  - 检查节气门体是否被积炭阻塞
  - 检查发动机进气系统是否漏气
  - 检查汽缸密封性是否良好
  - 检查进、排气门是否关闭不严
  - 检查活塞环是否泄漏
  - 检查汽缸垫是否泄漏
  - 检查排气管是否阻塞

图3-28　发动机起动困难的故障诊断过程

三、发动机怠速不稳的故障分析和诊断过程（表3-7）

发动机怠速不稳的故障诊断　　　　　　表3-7

故障现象	故障原因	诊断过程
发动机在怠速运转过程中怠速转速忽高忽低，通常伴随一定的抖动，并且容易熄火	（1）发动机控制模块存在故障 （2）部分执行元件的故障 （3）活性炭罐装置工作不良 （4）燃油系统泄漏 （5）发动机冷却液温度传感器工作不良 （6）进气歧管压力传感器或空气流量传感器工作不良 （7）进气歧管温度传感器工作不良 （8）发动机基础调整值不合理 （9）发动机怠速调整不良 （10）氧传感器信号不良 （11）节气门位置传感器信号不良 （12）燃油系统压力异常 （13）喷油器工作不良 （14）进气预热装置工作不良 （15）真空软管连接不良 （16）发动机进气系统密封不良 （17）发动机缸盖到消声器之间的排气管密封不严 （18）点火正时失准 （19）火花塞工作不良 （20）点火线圈工作不良 （21）点火高压线工作不良	如图3-29所示为发动机怠速不稳的故障诊断过程

◆知识拓展◆

怠速状态是指发动机空转时一种工作状况。

在发动机运转时，如果完全放松加速踏板，这时发动机就处于怠速状态。

发动机怠速时的转速被称为怠速转速，是维持发动机没有做功时正常运转的最低转速。

怠速转速可以通过调整风门大小等来调整其高低。一般来讲，怠速转速以发动机不抖动时的最低转速为最佳。

当您拥有了一辆令人满意的爱车之后，就要同怠速天天打交道了。简单地说，怠速即是发动机"出工不出力"。

急速的现象呢，即是车在原地不动，发动机却在"突突"地转着——白白地烧油，的确是浪费！这时，汽油燃烧产生的机械功都用在内部零部件的摩擦上而消耗掉了。

了解到这一点，于是有些驾驶人随意地把急速调整到了发动机所能忍受的最低点。这样的确是省了油。但一般的汽车的机油泵是由发动机的曲轴直接驱动的，这样做就直接造成油泵转速过低，从而导致机油压力不足。它们的凸轮轴和轴承之间是需要一定大小的油压，才能形成一定厚度的油膜来保证润滑的。于是就有些只跑了几千公里的车，机头有异响，打开一看，凸轮轴已是伤痕累累了。

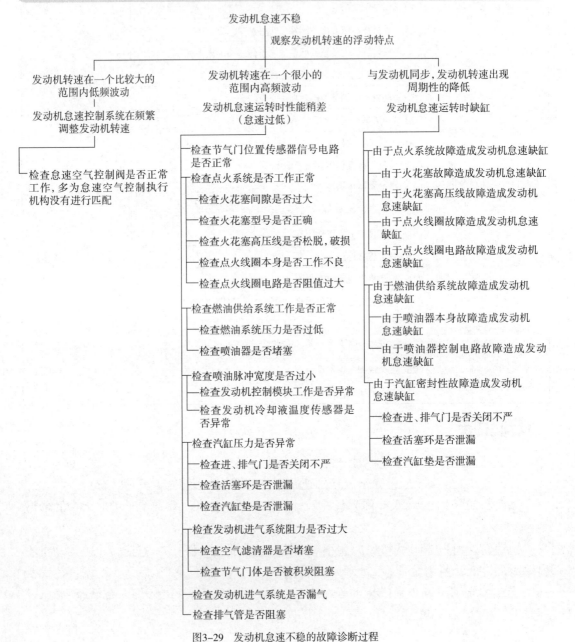

图3-29　发动机怠速不稳的故障诊断过程

四、发动机怠速过高的故障分析和诊断过程(表3-8)

发动机怠速过高的故障诊断　　　　　　表3-8

故障现象	故障原因	诊断过程
发动机在怠速运转过程中转速始终高于设定值,无法降低	(1) 发动机控制模块存在故障 (2) 执行元件故障 (3) 节气门拉索过紧 (4) 活性炭罐装置工作不良 (5) 发动机冷却液温度传感器工作不良 (6) 发动机基础调整值不合理 (7) 发动机怠速调整不良 (8) 氧传感器信号不良 (9) 节气门位置传感器信号不良 (10) 节气门基本位置调整不当 (11) 进气预热装置工作不良 (12) 真空软管连接不良 (13) 发动机进气系统密封不良 (14) 发动机缸盖到消声器之间的排气管密封不严 (15) 点火正时失准	如图3-30所示为发动机怠速过高的故障诊断过程

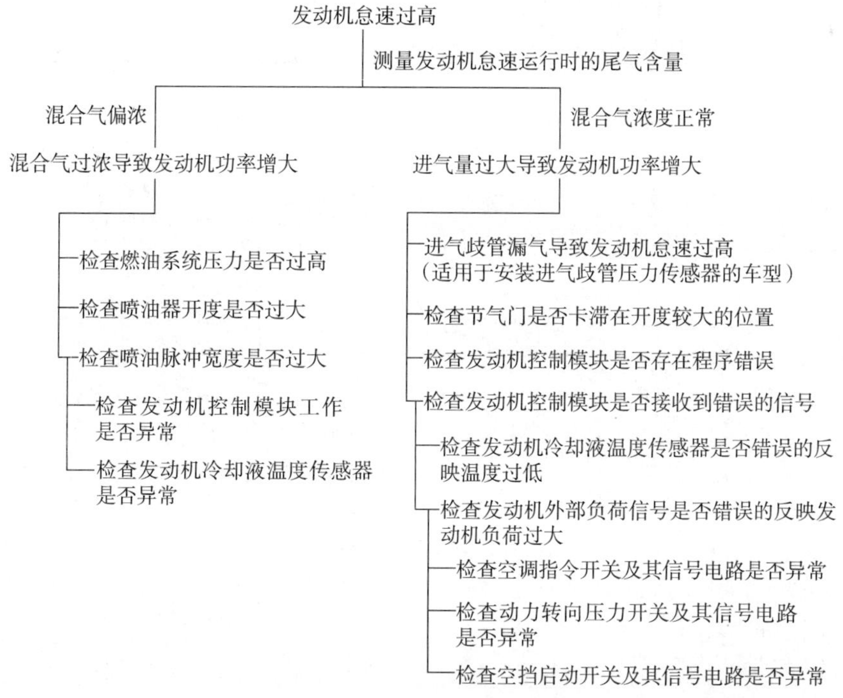

发动机怠速过高
└─ 测量发动机怠速运行时的尾气含量
   ├─ 混合气偏浓
   │ └─ 混合气过浓导致发动机功率增大
   │   ├─ 检查燃油系统压力是否过高
   │   ├─ 检查喷油器开度是否过大
   │   ├─ 检查喷油脉冲宽度是否过大
   │   ├─ 检查发动机控制模块工作是否异常
   │   └─ 检查发动机冷却液温度传感器是否异常
   └─ 混合气浓度正常
      └─ 进气量过大导致发动机功率增大
         ├─ 进气歧管漏气导致发动机怠速过高(适用于安装进气歧管压力传感器的车型)
         ├─ 检查节气门是否卡滞在开度较大的位置
         ├─ 检查发动机控制模块是否存在程序错误
         ├─ 检查发动机控制模块是否接收到错误的信号
         ├─ 检查发动机冷却液温度传感器是否错误的反映温度过低
         ├─ 检查发动机外部负荷信号是否错误的反映发动机负荷过大
         ├─ 检查空调指令开关及其信号电路是否异常
         ├─ 检查动力转向压力开关及其信号电路是否异常
         └─ 检查空挡启动开关及其信号电路是否异常

图3-30　发动机怠速过高的故障诊断过程

五、发动机动力不足的故障分析和诊断过程（表3-9）

发动机动力不足的故障诊断　　　　　　　　表3-9

故障现象	故障原因	诊断过程
发动机加速困难、发动机在有负荷的情况下达不到最高车速	（1）发动机控制模块存在故障 （2）执行元件故障 （3）节气门拉索过紧 （4）发动机冷却液温度传感器工作不良 （5）进气温度传感器工作不良 （6）进气歧管压力传感器/空气流量传感器工作不良 （7）发动机基础调整值不合理 （8）发动机怠速调整不良 （9）氧传感器信号不良 （10）节气门位置传感器信号不良 （11）节气门基本位置调整不当 （12）进气预热装置工作不良 （13）真空软管连接不良 （14）发动机进气系统密封不良 （15）发动机缸盖到消声器之间的排气管密封不严 （16）点火正时失准 （17）火花塞工作不良	如图3-31所示为发动机动力不足的故障诊断过程

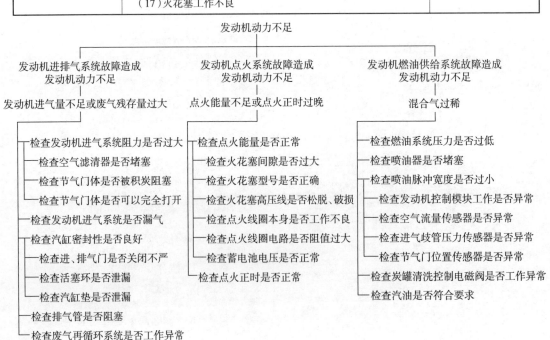

图3-31　发动机动力不足的故障诊断过程

3.3 发动机电控系统主要部件的检测和故障诊断

发动机电子控制系统的工作过程,就是发动机控制模块根据各种传感器所反映的工况信息控制执行器,从而使发动机的动力性、经济性和排放性能达到最理想的状态。如果有任何一个电器元件出现故障,包括传感器、执行器和控制模块,都会造成一定的故障,使发动机的性能下降,甚至不能运转。

3.3.1 空气流量传感器的检测

空气流量传感器的作用,是将单位时间内吸入发动机汽缸的空气量转换成电压信号,送至发动机控制模块,作为决定喷油量和点火正时的基本信号之一。按空气流量传感器的内部结构形式和进气量的检测原理,可以分为四种:翼板式空气流量传感器、卡门旋涡式空气流量传感器、热线式空气流量传感器、热膜式空气流量传感器。其中,翼板式空气流量传感器在早期的一些车辆上曾经采用,现在已经淘汰,卡门旋涡式空气流量传感器在丰田的一些车型上还有使用,但现在多数车辆上采用的空气流量传感器多为热膜式空气流量传感器。本节主要介绍上海大众 PASSAT B5 AWL 发动机热膜式空气流量传感器的检测和故障诊断方法。

一、测试所需的仪器设备

由于该热膜式空气流量传感器输出信号的特点,是随着进气量的增加,其输出电压也越来越高,所以对该传感器的测试可以使用汽车专用万用表或汽车专用示波器。

二、测试仪器的连接

图3-32 为利用万用表或示波器,测试上海大众 PASSAT B5 AWL 发动机空气流量传感器时检测探针连接的示意图;把万用表或示波器的负极检测探针连接到传感器的搭铁线、蓄电池的负极接线柱或发动机缸体上;把万用表或示波器的正极探针连接到传感器通往发动机控制模块的信号输出线上。

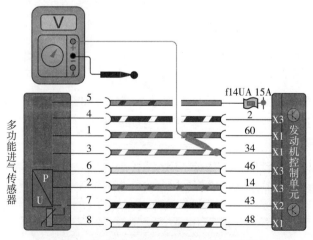

图3-32 万用表或示波器检测探针的连接示意图

三、测试方法

(1) 静态测试法:所谓静态测试,就是在打开点火开关、发动机不运转的情况下,用吹风机向空气流量传感器吹入不同流速和不同温度的空气,查看传感器输出电压信号的特性是否满足下列要求:当进气温度不变的情况下,随着进气流速的增加,传感器的输出电压也增加;当进气流速不变的情况下,随着进气温度的增加,传感器的输出电压将下降。

(2) 动态测试法:所谓动态测试,就是在发动机运行过程中,测量不同负荷条件下,空气流量传感器的输出电压,观察传感器的信号特点是否满足要求:当进气温度不变的情况下,随着进气流速的增加,传感器的输出电压也增加,如图3-33所示为热膜式空气流量传感器的电压波形信号,从中不难看出,随着进气流量的增大,传感器的信号电压也将随之增加。

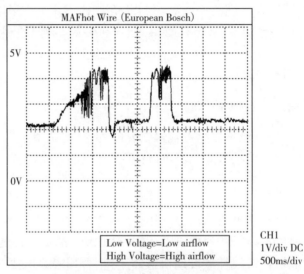

图3-33 热膜式空气流量传感器的信号波形

四、热膜式空气流量传感器与发动机控制模块之间连接电路的测试

现代汽车电子控制系统中,常见的一些故障通常是由于电路虚接、断路或短路所致,因此,在电器元件工作异常时,也要重点检查电路工作是否正常。检查一般分两步进行:第一步检查电路的导通性;第二步是检查各个管脚的电压是否符合要求,如果电路工作正常而传感器的信号异常,则考虑更换传感器。

❶ 检查电路的导通性

拔开导线两端的电器插接器,从每一根导线两端检查是否导通或电阻为零,否则说明导线有断路或虚接;不同导线之间的电阻应无穷大,否则说明导线之间有粘连,测试的过程如图3-34所示。

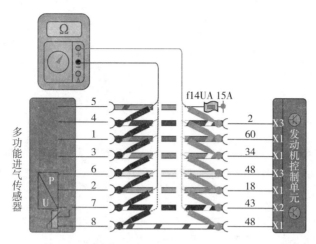

图3-34 空气流量传感器与控制模块之间电路导通性的测试

❷ 传感器管脚电压的测试(表3-10)

传感器管脚电压的测试　　　　　　　　　　　　　表3-10

序号	测量图示	电压参数参考
1		在打开点火开关或发动机运行过程中,该端子电压等同于蓄电池电压;否则应检查相关电路
2		在任何工况情况下该端子电压为0V;否则进一步检查相关电路或更换发动机控制模块

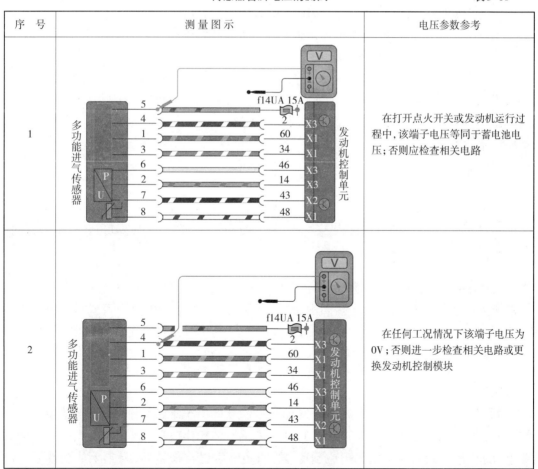

续上表

序号	测量图示	电压参数参考
3	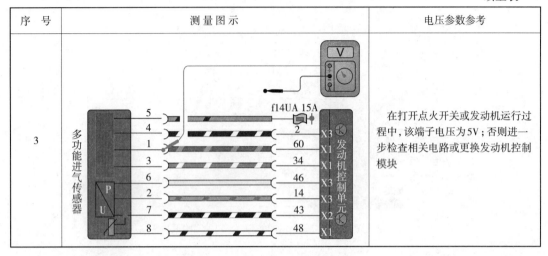	在打开点火开关或发动机运行过程中,该端子电压为5V;否则进一步检查相关电路或更换发动机控制模块

3.3.2 进气歧管绝对压力传感器的检测

进气歧管绝对压力传感器的作用是检测进气歧管的真空度,并将压力信号转变成电压信号输送给发动机控制模块,作为控制喷油脉冲宽度和点火正时的主要参考信号。在当前运行的汽车中,进气歧管压力传感器主要包括半导体压敏电阻式进气歧管压力传感器和电容式进气歧管压力传感器两种,其中的电容式进气歧管压力传感器多安装在福特汽车上,而其他厂家的汽车安装的则为半导体压敏电阻式进气歧管压力传感器,本文主要介绍上海大众PASSAT B5 AWL发动机半导体压敏电阻式进气歧管压力传感器的检测和故障诊断方法。

一、测试所需要的仪器

由于该传感器的信号输出特点是随着进气歧管压力的上升,传感器的输出电压也相应提高,所以对该传感器的测试可以使用汽车专用万用表或示波器进行。

二、测试仪器的连接

如图3-35所示为利用万用表或示波器,测试上海大众PASSAT B5 AWL发动机进气歧管压力传感器时检测探针连接的示意图。测试时,将汽车专用万用表或示波器的正极检测探针连接到传感器的信号输出线上,将汽车专用万用表或示波器的负极检测探针连接到传感器的搭铁线或发动机的缸体上。

三、测试过程

测试方法一:在打开点火开关而发动机未起动的情况下,利用手动真空泵模拟进气歧管压力的变化,测试在不同真空度的时候传感器的输出电压,观察电压是否满足参数要求:随着进气歧管压力的上升,传感器的输出电压也越来越高,基本上成线性增长的关系。在通常情况下,传感器的信号电压范围应该从怠速运转时的1.25V左右,平稳上升到节气门全开时的5V左右。

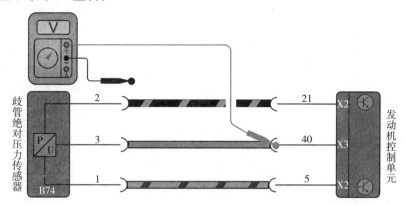

图3-35　万用表或示波器检测探针的连接示意图

测试方法二:利用汽车专用示波器进行动态测试,在不同发动机转速和负荷条件下,测量传感器的输出电压,观察传感器的信号波形是否满足要求:随着进气歧管压力的上升,传感器的输出电压也越来越高,基本上成线形增长的关系。在通常情况下,传感器的信号电压范围应该从怠速运转时的1.25V左右,平稳上升到节气门全开时的5V左右。如图3-36为进气歧管压力传感器的信号波形。

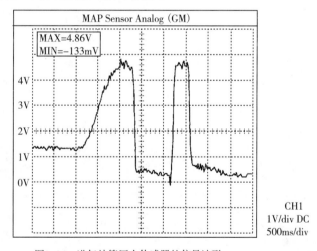

图3-36　进气歧管压力传感器的信号波形

四、检查进气歧管绝对压力传感器和发动机之间的连接电路

检查方法见本单元3.3.1。

1 检查电路的导通性

检查电路导通性的方法见本单元3.3.1,测试的过程如图3-37所示。

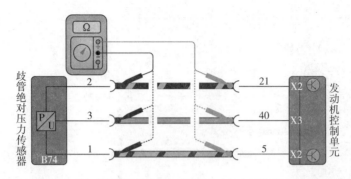

图3-37 进气歧管压力传感器与控制模块之间电路导通性的测试

❷ 传感器管脚电压的测试(表3-11)

传感器管脚电压的测试　　　　　表3-11

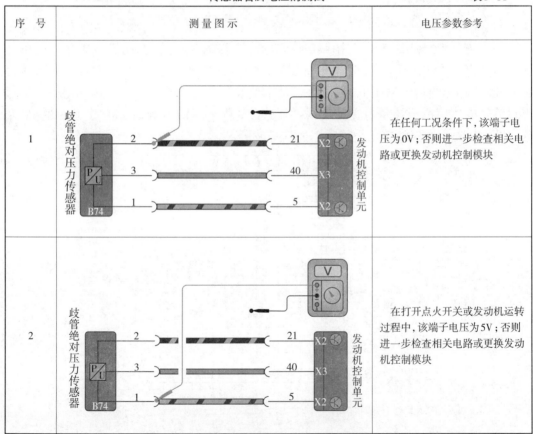

序号	测量图示	电压参数参考
1		在任何工况条件下,该端子电压为0V;否则进一步检查相关电路或更换发动机控制模块
2		在打开点火开关或发动机运转过程中,该端子电压为5V;否则进一步检查相关电路或更换发动机控制模块

3.3.3 霍尔式曲轴位置传感器的检测

曲轴位置传感器是发动机集中控制系统中最主要的传感器之一,是确认曲轴转角位置和发动机转速不可或缺的信号源,发动机控制模块用此信号控制燃油喷射量、喷油正时、点火时刻(点火提前角)、点火线圈充电闭合角、怠速转速和电动汽油泵的运行。根据信号形成的原理分类,曲轴位置传感器又可分为电磁式、光电式和霍尔效应式三大类。本节主要介绍的是上海大众 PASSAT B5 AWL 发动机霍尔式曲轴位置传感器的检测和故障诊断方法。

一、测试所需仪器设备

针对该传感器输出信号的测试,要同时获取信号的振幅和频率两个参数,因而最好使用汽车专用示波器。而如果只是对元件本身进行测试,则可以使用汽车专用万用表。

二、测试仪器的连接

图 3-38 所示为利用示波器测试上海大众 PASSAT B5 AWL 发动机霍尔式曲轴位置传感器时检测探针连接的示意图,测试时,把示波器的负极检测探针连接到传感器通往发动机控制模块的信号输出线(-)上;把示波器的正极检测探针连接到传感器通往发动机控制模块的信号输出线(+)上。

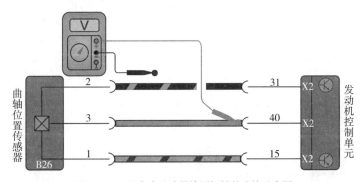

图 3-38 万用表或示波器检测探针的连接示意图

三、测试过程

起动发动机,在不同转速条件下测试传感器输出信号的波形,观察传感器信号波形的特点,看是否满足要求:随着发动机转速的上升,传感器输出信号的频率持续增大,同时信号的振幅也持续增大,如图 3-39 所示为电磁式曲轴位置传感器的信号波形。

四、传感器与发动机控制模块之间连接电路的测试

检查方法见本单元 3.3.1,由于电磁式曲轴位置传感器本身不需要外界电源供给,依靠自身电磁感应就能产生电压信号,因此针对该传感器的测试不需要进行管脚电压的测试。

检查电路导通性的方法见本单元 3.3.1,测试的过程如图 3-40 所示。

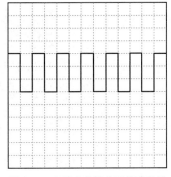

图 3-39 电磁式曲轴位置传感器的信号波形

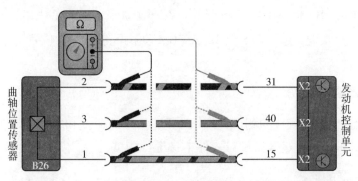

图3-40 电磁式曲轴位置传感器与控制模块之间电路导通性的测试

五、传感器的单件测试

图3-41所示为利用万用表检查电磁式曲轴位置传感器电阻的示意图,测试结果可以参照技术手册上的数据进行判断,如果不符合要求,则应更换传感器。

图3-42所示为利用薄厚规检查电磁式曲轴位置传感器与信号盘之间间隙的示意图,测试结果可以参照技术手册上的数据进行判断,如果不符合要求,则应调整传感器的安装位置。

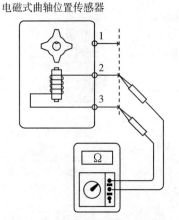

图3-41 利用万用表检查电磁式曲轴位置传感器电阻的示意图

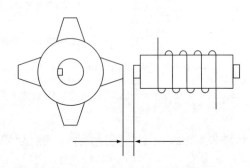

图3-42 利用薄厚规检查电磁式曲轴位置传感器与信号盘之间间隙

3.3.4 霍尔效应式凸轮轴位置传感器的检测

凸轮轴位置传感器的作用是用来检测凸轮轴的转角位置,发动机控制模块用此信号来识别发动机的缸序,以便控制发动机的点火顺序和喷油顺序,同时也作为凸轮轴位置传感器的备用信号。根据信号形成的原理分类,凸轮轴位置传感器可分为电磁式、光电式和霍尔效应式三大类。本节主要介绍上海大众PASSAT B5 AWL发动机霍尔效应式凸轮轴位置传感器的检测和故障诊断方法。

一、测试所需的仪器设备

由于霍尔式凸轮轴位置传感器的信号特点是随着发动机转速的提高,信号的频率越来越快,但传感器的输出信号的振幅并不发生变化,所以要测试该信号是否符合要求,这取决于信号的两个评价性指标。首先传感器信号的振幅要满足要求,其次才考虑信号频率是否符合要求。因此最好使用能同时反映这两个评价性指标的汽车专用示波器,对传感器进行动态测试。

二、测试仪器的连接

如图3-43所示,为利用示波器测试上海大众PASSAT B5 AWL发动机霍尔式凸轮轴位置传感器时,检测探针连接的示意图,测试时,把示波器的负极检测探针连接到传感器的搭铁线、发动机缸体或蓄电池的负极接线柱上;把示波器正极探针连接到传感器通往发动机控制模块的信号输出线上。

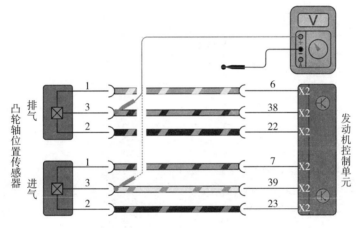

图3-43 万用表或示波器检测探针的连接示意图

三、测试过程

起动发动机,在不同的转速条件下运行发动机,测试传感器的输出信号是否符合技术要求:随着发动机转速的上升,传感器输出信号的频率将越来越大,但信号的振幅基本不变,如图3-44所示,为霍尔式凸轮轴位置传感器的信号波形。

四、传感器与发动机控制模块之间连接电路的测试

检查方法见本单元3.3.1。

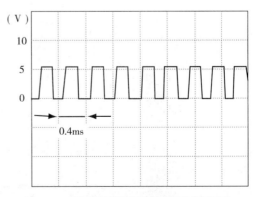

图3-44 霍尔式凸轮轴位置传感器的信号波形

❶ 检查电路的导通性

检查电路导通性的方法见本单元3.3.1,测试的过程如图3-45所示。

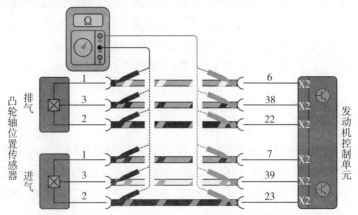

图3-45 霍尔式凸轮轴位置传感器与控制模块之间电路导通性的检测

❷ 传感器管脚电压的测试(表3-12)

表3-12 传感器管脚电压的测试

序号	测量图示	电压参数参考
1		在任何工况条件下,该端子电压为0V;否则进一步检查相关电路或更换发动机控制模块
2		在打开点火开关或发动机运转过程中,该端子电压为5V;否则进一步检查相关电路

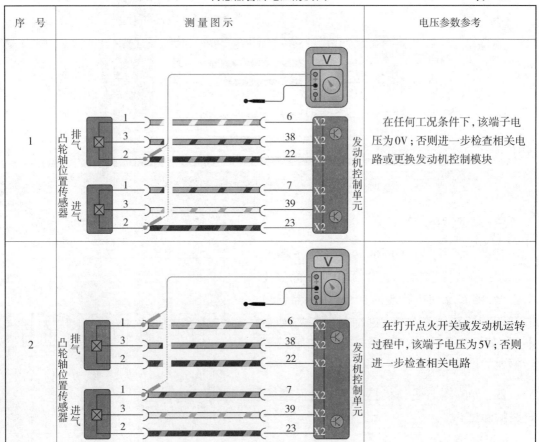

3.3.5 温度传感器的检测

根据温度传感器的检测对象,可以分为发动机冷却液温度传感器、进气温度传感器和排气温度传感器三种。发动机冷却液温度传感器用来检测发动机冷却液的温度,并将温度信号转变成电信号输送给发动机控制模块,作为汽油喷射、点火正时、怠速和尾气排放控制的主要修正信号;进气温度传感器用来检测进气温度,并将进气温度信号转变成电信号输送给发动机控制模块,作为汽油喷射、点火正时的修正信号;排气温度传感器用来检测再循环废气的温度,用以反映废气再循环的流量。

按照温度传感器电阻与温度的对应关系,将温度传感器分为正热敏系数的温度传感器和负热敏系数的温度传感器。对于正热敏系数的温度传感器来说,随着温度的上升,传感器的电阻值将上升,传感器两端的电压值也将上升,发动机控制模块就是根据该电压的变化来识别发动机冷却液的温度。对于负热敏系数的温度传感器来说,随着温度的上升,传感器的电阻值将下降,传感器两端的电压值也将下降,发动机控制模块就是根据该电压的变化来识别发动机冷却液的温度。

一、测试所需的仪器设备

如果只是想测试传感器的电阻和电压信号,使用汽车专用万用表就可以了,而要观察传感器的整个信号变化过程,则需使用汽车专用示波器。

二、测试仪器的连接

如图3-46所示为利用示波器测试上海大众PASSAT B5 AWL发动机冷却液温度传感器时检测探针连接的示意图。测试时,把汽车专用万用表或示波器的负极检测探针连接到传感器的搭铁线、发动机缸体或蓄电池的负极接线柱上;把汽车专用万用表或示波器正极探针连接到传感器通往发动机控制模块的信号输出线上。

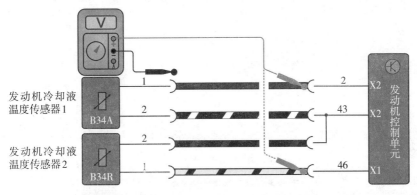

图3-46 万用表或示波器检测探针的连接示意图

三、测试方法

测量不同温度条件下发动机冷却液温度传感器的输出电压,观察电压是否满足其特性曲线,如图3-47所示为发动机冷却液温度传感器在不同温度条件下的电压范围图示。

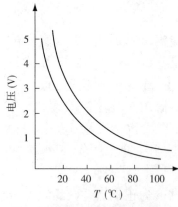

图3-47 发动机冷却液温度传感器在不同温度条件下的电压范围

四、传感器与发动机控制模块之间连接电路的测试

检查方法见本单元3.3.1。

❶ 检查电路的导通性

检查电路导通性的方法见本单元3.3.1,测试的过程如图3-48所示。

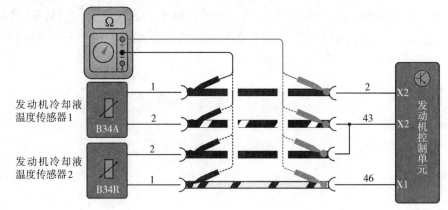

图3-48 发动机冷却液温度传感器与控制模块之间电路导通性的检测

❷ 传感器管脚电压的测试(表3-13)

表3-13 传感器管脚电压的测试

序号	测量图示	电压参数参考
1	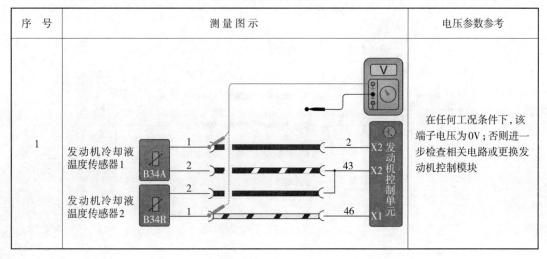	在任何工况条件下,该端子电压为0V;否则进一步检查相关电路或更换发动机控制模块

续上表

序号	测量图示	电压参数参考
2	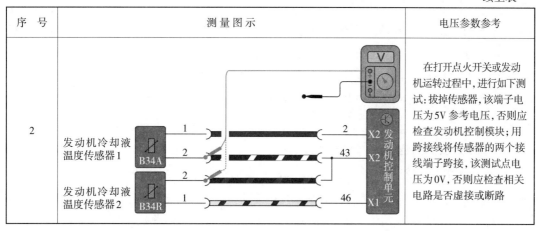	在打开点火开关或发动机运转过程中,进行如下测试:拔掉传感器,该端子电压为5V参考电压,否则应检查发动机控制模块;用跨接线将传感器的两个接线端子跨接,该测试点电压为0V,否则应检查相关电路是否虚接或断路

五、传感器单件测试

拔下温度传感器上的电插头,用欧姆表测插座上的端子1和2之间的阻值,如图3-49所示,当温度为20℃时,阻值应为2.2kΩ,30℃时阻值应为1.4~1.9kΩ,40℃时阻值应为1.1~1.4kΩ,否则应更换传感器。

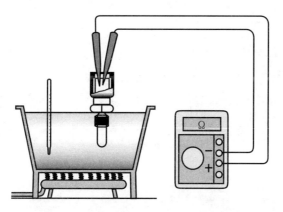

图3-49　发动机冷却液温度传感器电阻的测量

3.3.6　加速踏板位置传感器的检测

加速踏板位置传感器的作用是检测加速踏板的开度和开关的速率,并把该信号转变为电压信号送给发动机控制模块,作为控制发动机运行的主要信号。在传感器内安装了两个滑动电阻型的传感器,两个传感器同时把信号传送给发动机控制模块,以最大安全有效地保证车辆的运行,如果其中的某个传感器发生故障,系统开始起动怠速模式,如果在规定的测试时间内发现第二个传感器在怠速位置内,则车辆继续运行;如果需要进入节气门全开状态,则发动机转速缓慢提高,加速性能变差;当两个传感器都发生故障时,发动机仅仅在高怠速下运转,并不再对加速踏板的动作做出响应。

一、测试所需的仪器设备

由于加速踏板位置传感器实际上就是滑动电阻，在汽车长期运行过程中，滑动电阻的某一部分会出现接触不良的情况，如果使用汽车专用万用表可能测试不出这些缺陷，而使用汽车专用示波器则可以测试出。因而如果测试加速踏板位置传感器的电路电阻，应使用汽车专用万用表，而要测试传感器线性输出信号的全过程，则应使用汽车专用示波器。

二、检测仪器的连接

图3-50、图3-51为利用示波器测试上海大众 PASSAT B5 AWL 发动机加速踏板位置传感器时，检测探针连接的示意图。测试时，把示波器的负极检测探针连接到加速踏板位置传感器的负极搭铁线、发动机的缸体或蓄电池负极接线柱上；把示波器的正极检测探针连接到传感器的信号输出端子上。

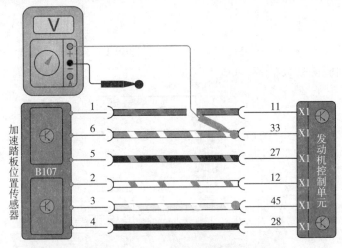

图3-50 万用表或示波器检测探针的连接示意图（传感器一）

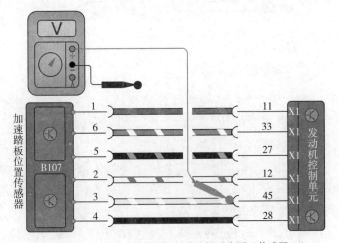

图3-51 万用表或示波器检测探针的连接示意图（传感器二）

三、测试过程

测试时，打开点火开关，但不要起动发动机，用均匀的速度慢慢踩下加速踏板，保持一定开度后，再以同样的速度慢慢放松加速踏板，此时传感器应输出理想的波形。图3-52所示为加速踏板位置传感器的正常信号波形，图3-53所示为加速踏板位置传感器出现磨损故障时的信号波形。

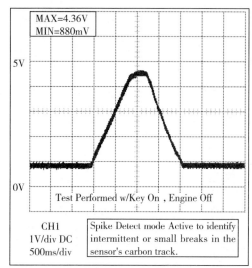

图3-52　加速踏板位置传感器的正常信号波形

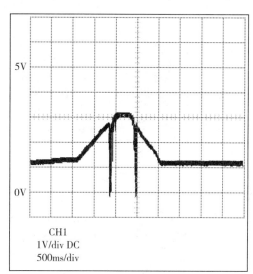

图3-53　加速踏板位置传感器出现磨损故障时的信号波形

四、传感器与发动机控制模块之间连接电路的测试

检查方法见本单元3.3.1。

❶ 检查电路的导通性

检查电路导通性的方法见本单元3.3.1，测试的过程如图3-54所示。

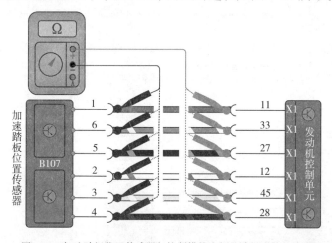

图3-54　加速踏板位置传感器与控制模块之间电路导通性的检测

❷ 传感器管脚电压的测试(表3-14)

传感器管脚电压的测试　　　　　　表3-14

序号	测量图示	电压参数参考
1	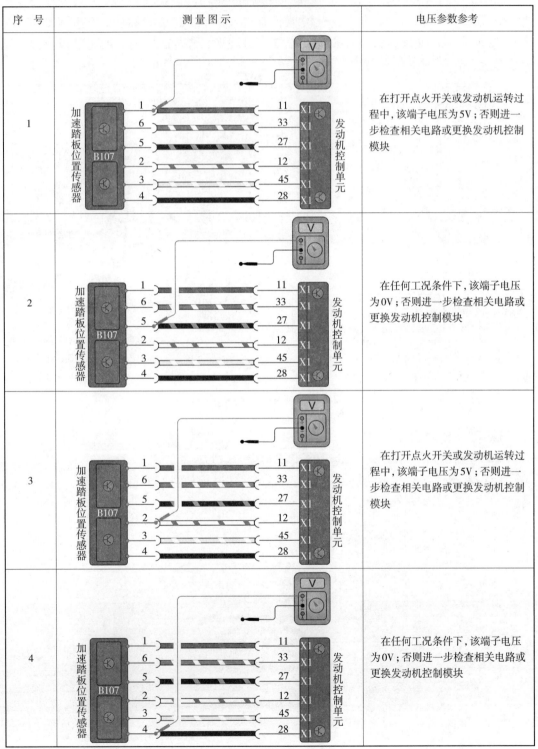	在打开点火开关或发动机运转过程中,该端子电压为5V;否则进一步检查相关电路或更换发动机控制模块
2		在任何工况条件下,该端子电压为0V;否则进一步检查相关电路或更换发动机控制模块
3		在打开点火开关或发动机运转过程中,该端子电压为5V;否则进一步检查相关电路或更换发动机控制模块
4		在任何工况条件下,该端子电压为0V;否则进一步检查相关电路或更换发动机控制模块

五、传感器单件测试

现以上海大众 PASSAT B5 AWL 发动机为例,关闭点火开关,拔下此传感器的导线插接器,在加速踏板位置传感器一侧的插接器上,用万用表的电阻挡测量传感器各个端子之间的电阻值,应满足以下技术参数(表3-15),否则应更换传感器。

传感器电阻的参数测量　　　　　表3-15

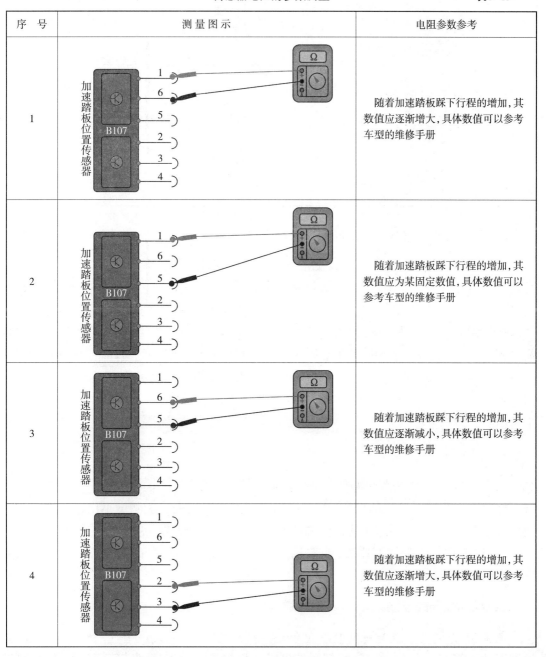

序号	测量图示	电阻参数参考
1		随着加速踏板踩下行程的增加,其数值应逐渐增大,具体数值可以参考车型的维修手册
2		随着加速踏板踩下行程的增加,其数值应为某固定数值,具体数值可以参考车型的维修手册
3		随着加速踏板踩下行程的增加,其数值应逐渐减小,具体数值可以参考车型的维修手册
4		随着加速踏板踩下行程的增加,其数值应逐渐增大,具体数值可以参考车型的维修手册

续上表

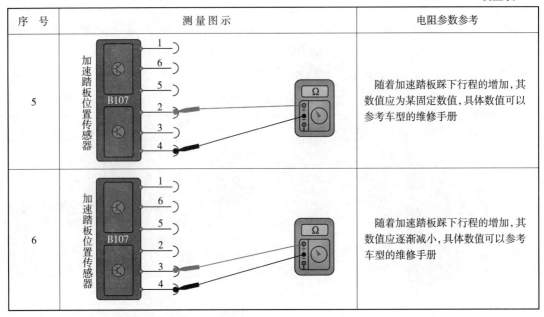

序号	测量图示	电阻参数参考
5	加速踏板位置传感器 B107	随着加速踏板踩下行程的增加,其数值应为某固定数值,具体数值可以参考车型的维修手册
6	加速踏板位置传感器 B107	随着加速踏板踩下行程的增加,其数值应逐渐减小,具体数值可以参考车型的维修手册

3.3.7 节气门位置传感器的检测

节气门位置传感器的作用是检测节气门的开度和开关的速率,并把该信号转变为电压信号送给发动机控制模块,作为控制喷油脉冲宽度、点火正时、怠速转速、尾气排放的主要修正信号,同时也是空气流量传感器或进气歧管压力传感器的辅助信号。根据传感器内部结构的输出信号特点,节气门位置传感器可以分为线性信号输出型和开关量信号输出型。本文主要介绍上海大众 PASSAT B5 AWL 发动机上采用的线性信号输出型节气门位置传感器的检测和故障诊断,这种节气门位置传感器内包含两个滑动电阻型的位置传感器,其中一个是和节气门轴同步转动的节气门位置传感器,一个是和怠速电机轴同步转动的定位电位计。

一、测试所需的仪器设备

由于节气门位置传感器实质上是滑动电阻器,在汽车长期运行过程中,滑动电阻的某一部分会出现接触不良的情况,如果使用汽车专用万用表可能测试不出这些缺陷,而使用汽车专用示波器则可以测试出,因而如果测试节气门位置传感器的怠速触点或电路电阻,可以使用汽车专用万用表,而要测试传感器线性输出信号的全过程,则可以使用汽车专用示波器。

二、检测仪器的连接

图3-55 为利用示波器测试上海大众 PASSAT B5 AWL 发动机节气门位置传感器时检测探针连接的示意图,测试时,把示波器的负极检测探针连接到节气门位置传感器的

负极搭铁线、发动机的缸体或蓄电池负极接线柱上；把示波器的正极检测探针连接到传感器的信号输出端子上。

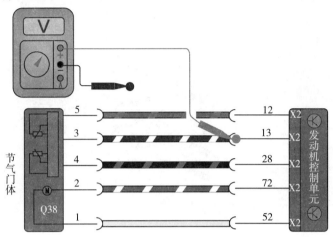

图3-55 万用表或示波器检测探针的连接示意图

三、测试过程

测试时，打开点火开关，但不要起动发动机，用均匀的速度慢慢打开节气门，保持一定开度后，再以同样的速度慢慢关闭节气门，此时传感器应输出理想的波形，图3-56为节气门位置传感器的正常信号波形，图3-57为节气门位置传感器出现磨损故障时的信号波形。

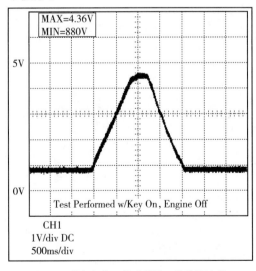

图3-56 节气门位置传感器的正常信号波形

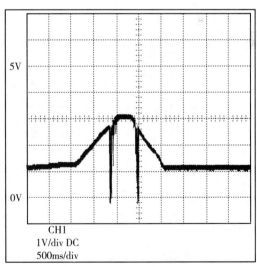

图3-57 节气门位置传感器出现磨损故障时的信号波形

四、传感器与发动机控制模块之间连接电路的测试

检查方法见本单元3.3.1。

❶ 检查电路的导通性

检查电路导通性的方法见本单元3.3.1,测试的过程如图3-58所示。

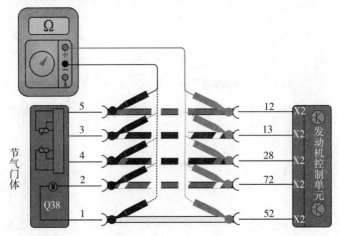

图3-58 节气门位置传感器与控制模块之间电路导通性的检测

❷ 传感器管脚电压的测试(表3-16)

传感器管脚电压的测试　　　　　　　　表3-16

序号	测量图示	电压参数参考
1		在打开点火开关或发动机运转过程中,该端子电压为5V;否则进一步检查相关电路或更换发动机控制模块
2		在任何工况条件下,该端子电压为0V;否则进一步检查相关电路或更换发动机控制模块

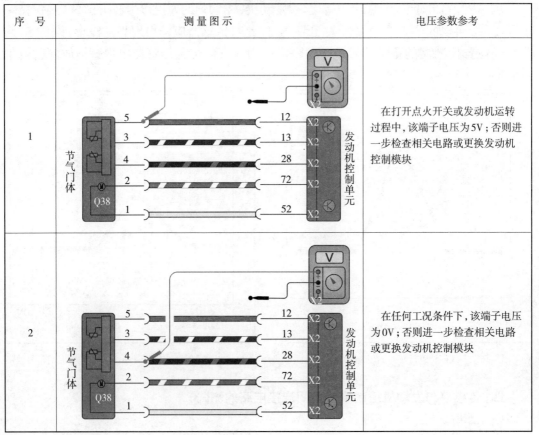

现以上海大众 PASSAT B5 AWL 发动机为例,关闭点火开关,拔下此传感器的导线插接器,在节气门位置传感器一侧的插接器上,用万用表的电阻挡测量传感器各个端子之间的电阻值,应满足以下技术参数(表3-17),否则应更换传感器。

传感器电阻的参数测量 表3-17

序号	测量图示	电阻参数参考
1	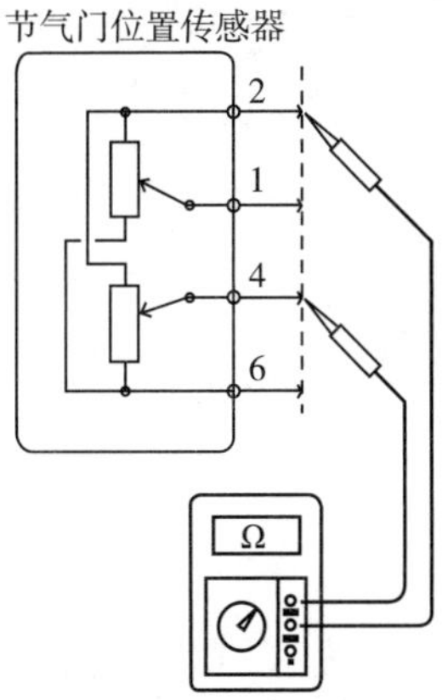 节气门位置传感器,端子2和6	随着节气门开度的增加,其数值应逐渐增大,具体数值可以参考车型的维修手册
2	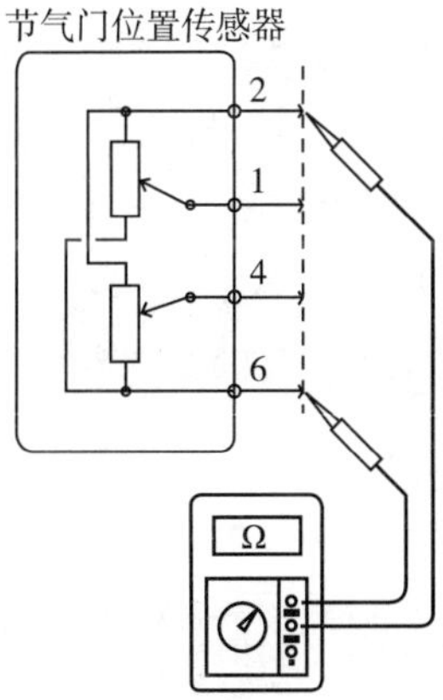 节气门位置传感器,端子2和6	其数值应符合技术参数,具体数值可以参考车型的维修手册
3	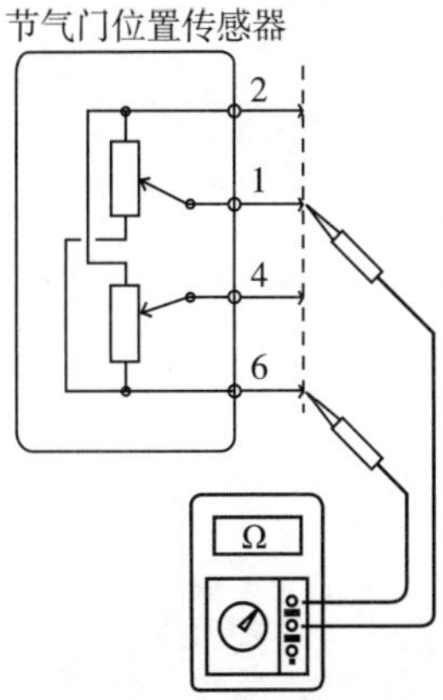 节气门位置传感器,端子1和6	随着节气门开度的增加,其数值应逐渐减小,具体数值可以参考车型的维修手册

续上表

序号	测量图示	电阻参数参考
4	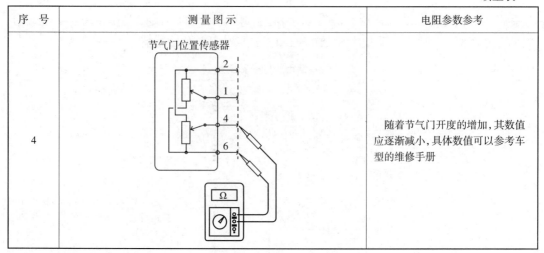	随着节气门开度的增加，其数值应逐渐减小，具体数值可以参考车型的维修手册

3.3.8 氧传感器的检测

氧传感器是用来检测排气管中氧气的浓度，并将氧气浓度信号转变成电压信号输送给发动机控制模块，作为判定混合气浓度，并对混合气浓度进行修正的重要参考信号。

根据所采用的材料和检测原理，氧传感器可以分为氧化锆式氧传感器和氧化钛式氧传感器，根据混合气浓度控制的窗口，氧化锆式氧传感器可以分为窄范围的氧化锆式氧传感器(也就是通常情况下的氧传感器)和宽范围氧传感器。

在正常的寿命或行驶里程内，汽油中的铅、发动机冷却液中的硅酮，极易使氧传感器失效。然而，引起氧传感器过早损坏的最主要原因是被积炭堵塞。而积炭过多是由于混合气过浓。

一、窄范围氧传感器的测试

❶ 测试所需仪器设备

因为要显示氧传感器信号的整个变化过程，因而最好使用汽车专用示波器。

❷ 测试仪器的连接

图3-59为利用示波器测试上海大众PASSAT B5 AWL发动机氧传感器时检测探针连接的示意图，测试时，连接示波器的负极检测探针接到氧传感器的信号搭铁线；连接示波器的正极探针接到氧传感器通往发动机控制模块的信号线上。

❸ 测试过程

测试时，首先让发动机温度达到正常值，然后连续踩踏加速踏板，同时观察氧传感器的信号，是否满足以下要求：

（1）最高电压应大约为850mV。

（2）最低电压应为 −175~75mV 之间。

（3）从稀到浓、或从浓到稀的反应时间应小于100ms。

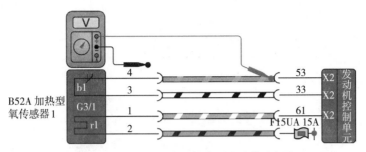

图3-59 万用表或示波器检测探针的连接示意图

如果以上三个条件能同时满足,说明氧传感器工作正常,否则应检查传感器加热线圈及其控制电路工作是否正常,如果加热线圈控制电路没有故障,则应更换传感器。图3-60为氧传感器正常工作时的信号波形,图3-61为氧传感器工作异常时的信号波形。

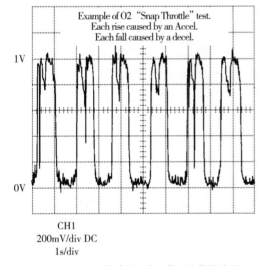

图3-60 氧传感器正常工作时的信号波形

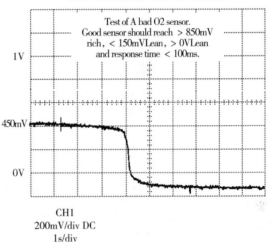

图3-61 氧传感器工作异常时的信号波形

❹ 传感器与发动机控制模块之间连接电路的测试

检查方法见本单元3.3.1。

(1)检查电路的导通性

检查电路导通性的方法见本单元3.3.1,测试的过程如图3-62所示。

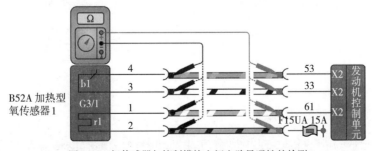

图3-62 氧传感器与控制模块之间电路导通性的检测

（2）传感器管脚电压的测试（表3-18）

表3-18 传感器管脚电压的测试

序号	测量图示	电压参数参考
1		在发动机运行过程中，该端子电压为蓄电池电压，否则应检查相关电路
2		在发动机运行过程中，该端子电压为0V，否则应检查相关电路或发动机控制模块
3		在发动机运行过程中，该端子电压为0V，否则应检查相关电路或发动机控制模块

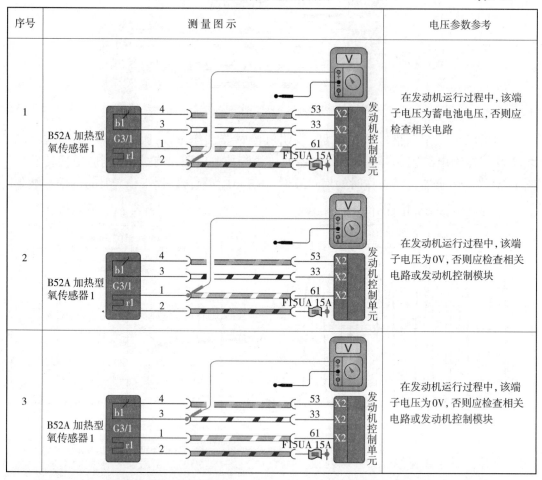

⑤ 氧传感器加热线圈的电阻检查

现以上海大众PASSAT B5 AWL发动机为例，拔下氧传感器电器插头，测量电器插座端子1和2之间的电阻值，如图3-63所示，测试值应为0.50~20Ω，否则更换氧传感器。

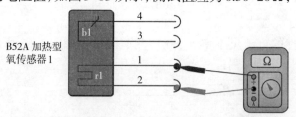

图3-63 氧传感器加热线圈电阻的测量示意图

二、宽范围氧传感器的测试

为了减少汽车尾气排放，现在很多汽油发动机在三元催化转换器前后各安装一个氧传感器，其中安装在三元催化转换器前的氧传感器多为六线制的宽范围氧传感器，而安装在三元催化转换器后的氧传感器多为传统的四线制的氧传感器。现以上海大众 PASSAT B5 AWL 发动机为例，讲解宽范围氧传感器的测试过程。

1 测试所需仪器设备

由于宽范围氧传感器是根据泵电流的大小来判定混合气的稀浓，而泵电流的测量很难，因此通常情况下是通过解码器提供的数据流来测试氧传感器的性能，因而使用汽车专用解码器，而如果要完成对电路工作性能的测试则需要使用汽车专用万用表。

2 测试过程

起动发动机运行到冷却液温度不低于80℃，排气系统无泄漏的情况下进行测试。利用 VAS5051 汽车专用诊断仪器进行测试，首先输入地址代码"01"，选择"发动机控制系统"；然后选择功能代码"08"，读取诊断数据流，进入"030 组数据"显示项，检查第一区的数据，规定值应为111，如表3-19所示。

30 组数据标准值　　　　　　　　　　　　　　　　表3-19

30	第 一 区	第 二 区	第 三 区
	三元催化转换器前	三元催化转换器后	
λ调整数值	111	110	
	若第1位为1：表示 Lambda 加热器已经接通 若第2位为1：表示 Lambda 已准备好 若第3位为1：表示 Lambda 调节在工作		

如果未到标准值，应检查氧传感器加热线圈。如果第一区的数据达到规定值，则进入 32 组，检查第一区和第二区的数据，如表3-20所示。

32 组数据标准值　　　　　　　　　　　　　　　　表3-20

32	第 一 区	第 二 区	第 三 区
	怠速时	部分负荷	
λ自学习值	−10%~10%	−10%~10%	

第一区应显示为 −10.0%~10.0%（怠速时 λ 的自学习值）；而第二区应显示为 −10.0%~10.0%（部分负荷时 λ 的自学习值）。如果上述两组数据已经达到了规定值，则应该进入 33 组数据显示项，检查第一区和第二区，如表3-21所示。

33 组数据标准值　　　　　　　　　　　　　　　　表3-21

33	第 一 区	第 二 区	第 三 区
	三元催化转换器 前 λ 调节数值	三元催化转换器 前 λ 电压数值	1.0 表示混合气过浓 1.5 表示混合气过稀 2.0 表示连续变化
λ自学习值	−10%~10%	1.0~2.0	

第一区应显示为 -10.0%~10.0%，并以至少2%的幅度波动；第二区应显示为1.0~2.0V，并应以20次/min频率波动。

若第二区的数据保持为1.5V，则表示氧传感器的线路为断路；若保持为4.9V，则表示氧传感器对正极短路；若保持为0V，则表示氧传感器对地短路。

❸ 传感器与发动机控制模块之间连接电路的测试

检查方法见本单元3.3.1。

（1）检查电路的导通性

检查电路导通性的方法见本单元3.3.1，测试的过程如图3-64所示。

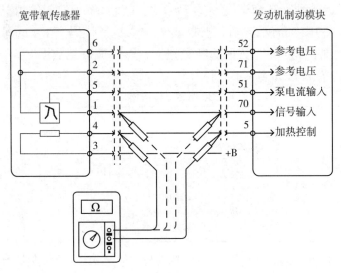

图3-64　氧传感器与控制模块之间电路导通性的检测

（2）传感器管脚电压的测试（表3-22）

传感器管脚电压的测试　　　　　　　　　　表3-22

序号	测量图示	电压参数参考
1	（宽带氧传感器与发动机制动模块接线图，万用表测电压V）	在打开点火开关或发动机运转过程中，该端子电压为5V，否则应检查相关电路或发动机控制模块

续上表

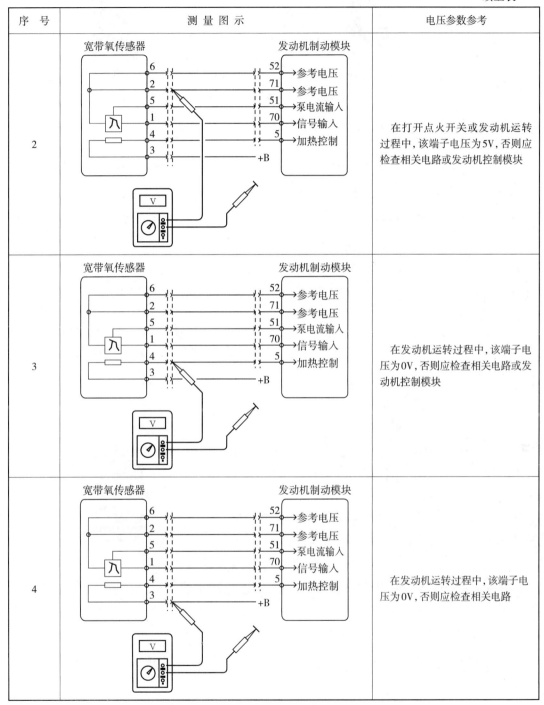

序号	测量图示	电压参数参考
2	宽带氧传感器 / 发动机制动模块（端子 6-52 参考电压，2-71 参考电压，5-51 泵电流输入，1-70 信号输入，4-5 加热控制，3-+B）	在打开点火开关或发动机运转过程中，该端子电压为5V，否则应检查相关电路或发动机控制模块
3	宽带氧传感器 / 发动机制动模块（同上）	在发动机运转过程中，该端子电压为0V，否则应检查相关电路或发动机控制模块
4	宽带氧传感器 / 发动机制动模块（同上）	在发动机运转过程中，该端子电压为0V，否则应检查相关电路

❹ 氧传感器加热线圈的电阻检查

现以上海大众 PASSAT B5 AWL 发动机为例，拔下氧传感器电器插头，测量电器插座端子4和3之间的电阻值，如图3-65所示，测试值应为0.5~20Ω，否则更换氧传感器。

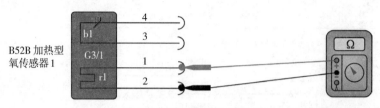

图3-65 氧传感器加热线圈电阻的测量示意图

3.3.9 爆震传感器的检测

爆震传感器是用来检测发动机的燃烧过程中是否发生爆震,并把电压信号输送给发动机控制模块,作为修正点火提前角的重要参考信号。

一、测试所需的仪器设备

由于该传感器发出信号的特点是电压和频率均同时发生变化的信号,为了能比较直观地查看传感器的信号特点,所以建议使用汽车专用示波器。

二、测试仪器的连接

如图3-66所示,为利用示波器测试上海大众PASSAT B5 AWL发动机爆震传感器时检测探针连接的示意图。测试时,连接示波器的负极检测探针接到传感器的搭铁线或发动机的缸体。

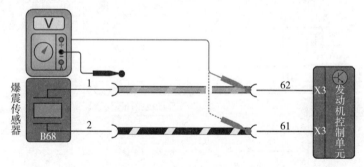

图3-66 万用表或示波器检测探针的连接示意图

注意:不要连接到蓄电池的负极连接柱上;连接示波器的正极检测探针接到传感器通往发动机控制模块的信号线上。

三、测试方法

方法一:用敲击传感器或其周围缸体的方法来模拟传感器的工作过程,测试传感器的输出信号。

方法二:在发动机急加速的时候,测试传感器的输出信号。

如图3-67所示为发动机发生爆震时传感器的信号波形,当汽车专用示波器采集到发动机爆震的信号时,会自动捕捉震动信号并以完整的波形显示在示波器上。

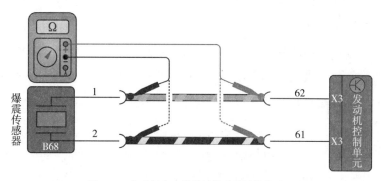

图3-67 发动机发生爆震时传感器的信号波形

四、传感器与发动机控制模块之间连接电路的测试

现代汽车电子控制系统中,常见的一些故障通常是由于电路虚接、断路或短路造成的,因此在电器元件工作异常的时候也要重点检查电路工作是否正常。检查时一般分两步进行:第一步检查电路的导通性;第二步是检查各个管脚的电压是否符合要求,如果电路工作正常而传感器的信号异常,则考虑更换传感器。由于爆震传感器工作时不需要外界提供电源,因此对该传感器电路的测试通常只进行电路导通性的测试。

测试时,拔开导线两端的电器连接器,从每一根导线两端检查是否导通或电阻为零,否则说明导线有断路或虚接;不同导线之间的电阻应无穷大,否则说明导线之间有粘连,测试的过程如图3-68所示。

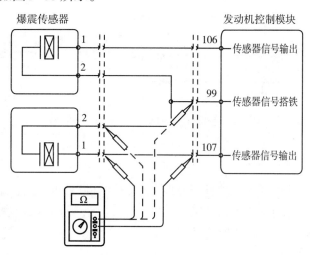

图3-68 爆震传感器与控制模块之间电路导通性的检测

五、爆震传感器的单件测试

现以上海大众PASSAT B5 AWL发动机为例。先拔下爆震传感器的电器插头,用欧姆表测试电器插座上端子1和2之间的电阻值,应大于$1.0 \times 10^6 \Omega$。

3.3.10 喷油器的检测

喷油器作为发动机电控燃油供给系统的最重要的执行器，其工作性能的好坏直接决定了系统乃至整个发动机的工作性能，因此对喷油器的测试是一个很重要的测试环节。

一、喷油器的声响检查

发动机工作时，用听诊器检查喷油器开闭时的振动或声响，在发动机运转时应能听到喷油器有节奏的"嗒嗒"声，如果感觉无振动或听不到声响，说明喷油器或其电路有问题。

上海大众 PASSAT B5 AWL 发动机还可以用解码器的最终控制诊断功能对喷油器及其控制电路进行诊断与检测。其方法是：连接大众专用检测设备 VAG1552 到汽车诊断接口，打开点火开关，输入 03 功能"最终控制诊断"，选择"确认"；踩加速踏板到节气门控制部件中的怠速开关打开，此时会听到第 1 缸的喷油器发出"咔嗒"声 5 次，按"→"进入下一缸喷油器检测。用以上方法可以完成对所有喷油器的检测和故障诊断。

若各缸喷油器工作声音清脆均匀，则各喷油器工作正常；若某缸喷油器的工作声音很小，则该缸喷油器的工作不正常，有可能是针阀卡滞，应作进一步的检测；若听不见某缸喷油器的工作声音，则该缸喷油器不工作，应检查喷油器及其控制线路。

二、喷油器的电阻检查

拆下发动机盖罩，拔下被检喷油器的电器插头。将万用表（电阻挡）接到喷油器的两个接线柱上，如图 3-69 所示。在室温时喷油器的电阻值应为 12~13Ω。如果未达到规定值，则应更换喷油器。如果达到规定值，检查喷油器供电电压。

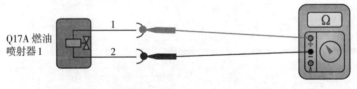

图 3-69　喷油器电阻的测量

三、喷油器喷油量的测试

利用喷油器专用测试台可以测试喷油器在单位时间内的喷油量，测试台可以给喷油器加合适的压力。如上海大众 PASSAT B5 AWL 发动机，喷油器持续喷油 30s，其喷油量应该为 70~85mL，各个汽缸喷油器喷油量的差值不能大于 10%。

每个喷油器应重复检查 2~3 次，各缸的喷油量和均匀度应符合标准，否则应清洗或更换。

四、喷油器喷射角度的测试

利用喷油器专用测试台可以测试喷油器的喷射角度，在喷油器工作时，通过玻璃量杯可以清楚地查看喷油器的喷射角度，正常的喷雾形状如同降落伞张开时的抛物面，两孔以上的喷油器的喷雾形状是角度较大的白色锥体,而单孔喷油器的喷雾张角并不大,但较脏或有毛病的喷油器雾形状却基本相似,喷出的油流形成一根或几根白线。

五、喷油器是否漏油的检查

当喷油器喷口针阀磨损严重,或者沉积物堵住针阀,就会影响针阀的关闭,引起渗漏,喷油器应允许有极微量的渗漏(规定每分钟不超过1滴)。过量的汽油渗漏,将造成混合气过浓,会使汽缸内火花塞积炭过多,废气排放超标,造成发动机怠速不稳。在多点燃油喷射发动机上,如果发现某缸火花塞发黑积炭过多,表明这个缸的混合气过浓,燃烧不完全,这缸的喷油器可能渗漏,如果排气呈灰白色,发动机怠速工作极不稳定,就可怀疑喷油器喷口针阀常开不闭。当证实喷油器电磁阀工作正常,是由于沉积物而渗漏时,就需要及时进行清洗。如果喷油器经清洗后,仍然不能解决,则应更换已损坏的喷油器。

六、执行器与发动机控制模块之间连接电路的测试

现代汽车电子控制系统中,常见的一些故障通常是由于电路虚接、断路或短路造成的,因此在电器元件工作异常的时候也要重点检查电路工作是否正常。检查时一般分两步进行:第一步检查电路的导通性;第二步是检查各个管脚的电压是否符合要求,如果电路工作正常而传感器的信号异常,则考虑更换执行器。

❶ 检查电路的导通性

拔开导线两端的电器连接器,从每一根导线两端检查是否导通或电阻为零,否则说明导线有断路或虚接;不同导线之间的电阻应无穷大,否则说明导线之间有粘连,测试的过程如图3-70所示。

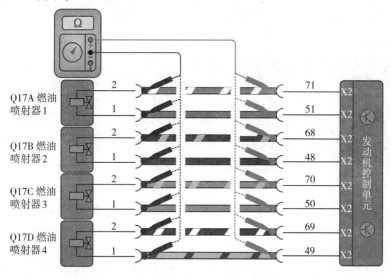

图3-70 喷油器与控制模块之间电路导通性的检测

❷ **执行器管脚电压的测试**（表3-23）

执行器管脚电压的测试 表3-23

序号	测量图示	电压参数参考
1	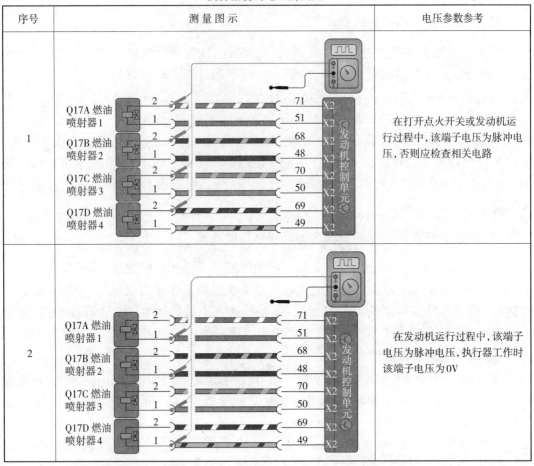	在打开点火开关或发动机运行过程中,该端子电压为脉冲电压,否则应检查相关电路
2		在发动机运行过程中,该端子电压为脉冲电压,执行器工作时该端子电压为0V

3.3.11 电动汽油泵的检测

电动汽油泵的主要作用是向发动机提供适当流量和适当压力的汽油,如果汽油泵工作不良,就会造成燃油系统压力降低,混合气过稀,从而导致发动机动力性、经济性和排放性能的下降,因此很有必要对喷油器进行正确的检测。

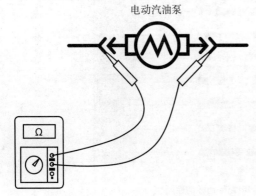

图3-71 电动汽油泵的电阻测量

一、电动汽油泵的电阻检查

拔下电动汽油泵的导线连接器,从汽车上拆下电动汽油泵进行检查。用万用表 Ω 挡测量电动汽油泵上两个接线端子间的电阻,即为电动汽油泵直流电动机线圈的电阻,如图3-71所示,其阻值应为2~3Ω（20℃时）。如电阻值不符,则须更换电动汽油泵。

二、汽油泵工作状态的检查

❶ 检查汽油泵的最大泵油压力

将电动汽油泵与蓄电池相接(正负极不能接错),并使电动汽油泵尽量远离蓄电池,每次接通不超过10s（如时间过长会烧坏电动汽油泵电动机的线圈）。在汽油泵的出口处直接安装一个压力表,使燃油不会直接进入系统,而是直接加压给压力表,如图3-72所示,以此可以测试汽油泵的最大工作能力,正常情况下油压应迅速达到工作压力的2~3倍(油泵内安全阀的工作压力),如果泵油压力不够,说明汽油泵内部存在故障,应予以更换。

❷ 检查汽油泵在单位时间内的输油量

将电动汽油泵与蓄电池相接(正负极不能接错),并使电动汽油泵尽量远离蓄电池,每次接通不超过10s。在汽油泵的出口处直接安装一个量杯,使燃油直接泵入量杯,如图3-73所示,以此可以测试汽油泵的工作能力,如果泵油量达不到要求,说明汽油泵内部存在故障,应予以更换。

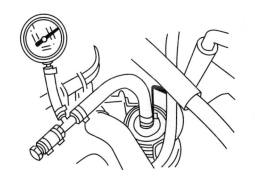

图3-72　燃油泵最大泵油压力的测量

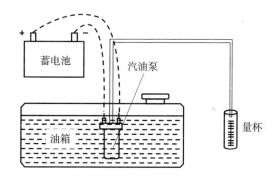

图3-73　汽油泵单位时间内输油量的测量

三、执行器与发动机控制模块之间连接电路的测试

现代汽车电子控制系统中,常见的一些故障通常是由于电路虚接、断路或短路造成的,因此在电器元件工作异常的时候,也要重点检查电路工作是否正常。检查时一般分两步进行:第一步检查电路的导通性;第二步是检查各个管脚的电压是否符合要求,如果电路工作正常而传感器的信号异常,则考虑更换执行器。

❶ 检查电路的导通性

拔开导线两端的电器连接器,从每一根导线两端检查是否导通或电阻为零,否则说明导线有断路或虚接;不同导线之间的电阻应无穷大,否则说明导线之间有粘连,测试的过程如图3-74所示。

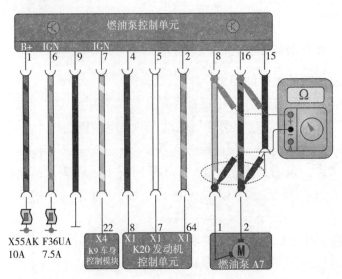

图3-74 电动汽油泵与控制模块之间电路导通性的检测

❷ 执行器管脚电压的测试（表3-24）

执行器管脚电压的测试　　　　　　　　　表3-24

序号	测量图示	电压参数参考
1		在发动机运行过程中，该端子电压为脉冲电压，否则应检查相关电路或发动机控制模块
2		在任何情况下，该端子电压为0V，否则应检查相关电路

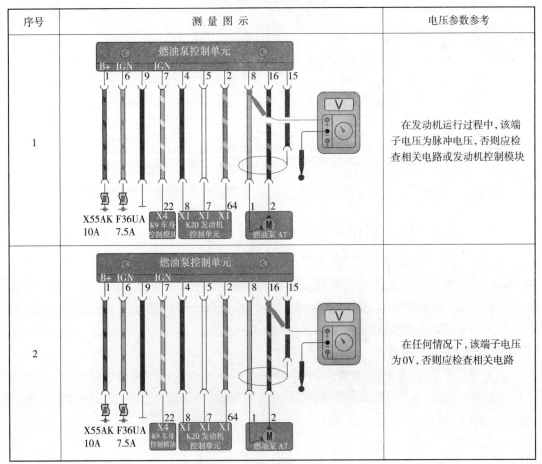

3.3.12 点火线圈的检测

汽油机区别于柴油机的最大不同就是汽油机上安装了点火系统,点火系统的主要作用就是在合适的时刻向汽缸内的混合气提供足够能量的电火花,而点火线圈就是将蓄电池电压转换成击穿电压的重要元件,如果点火能量不足,就会造成汽缸或整个发动机的功率下降,经济性和排放性能也会随之下降。因此应确保点火线圈的工作正常。

一、外部检验

检查点火线圈的外表,若绝缘盖破裂或外壳碰裂,因容易受潮而失去点火能力,应予以更换。

二、初、次级绕组断路、短路、搭铁检验

用万用表测量点火线圈的初级绕组、次级绕组以及附加电阻的电阻值,应符合技术标准,否则说明有故障,应予以更换。

(1)检查点火线圈初级绕组的电阻,用万用表电阻挡测量点火线圈"+"与"-"端子间的电阻,如图3-75所示。

(2)检查点火线圈次级绕组的电阻,即用万用表电阻挡测量点火线圈"+"与中央高压端子间的电阻,如图3-76所示。

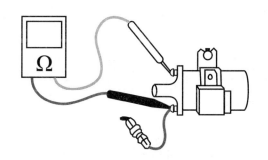 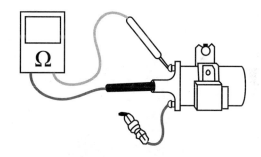

图3-75 点火线圈初级绕组电阻的测量　　图3-76 点火线圈次级绕组电阻的测量

三、执行器与发动机控制模块之间连接电路的测试

现代汽车电子控制系统中,常见的一些故障通常是由于电路虚接、断路或短路造成的,因此在电器元件工作异常的时候,也要重点检查电路工作是否正常。检查时一般分两步进行:第一步检查电路的导通性;第二步是检查各个管脚的电压是否符合要求,如果电路工作正常而传感器的信号异常,则考虑更换执行器。

❶ 检查电路的导通性

以下以丰田8A发动机为例,介绍点火线圈电路的测试过程,拔开导线两端的电器连接器,从每一根导线两端检查是否导通或电阻为零,否则说明导线有断路或虚接;不同导线之间的电阻应无穷大,否则说明导线之间有粘连,测试的过程如图3-77所示。

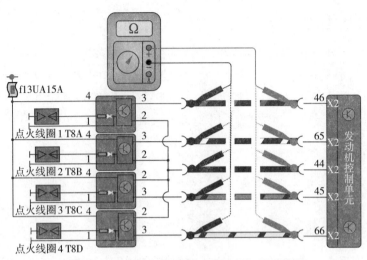

图3-77 点火线圈与控制模块之间电路导通性的检测

❷ 执行器管脚电压的测试（表3-25）

执行器管脚电压的测试　　　　　　表3-25

序号	测量图示	电压参数参考
1	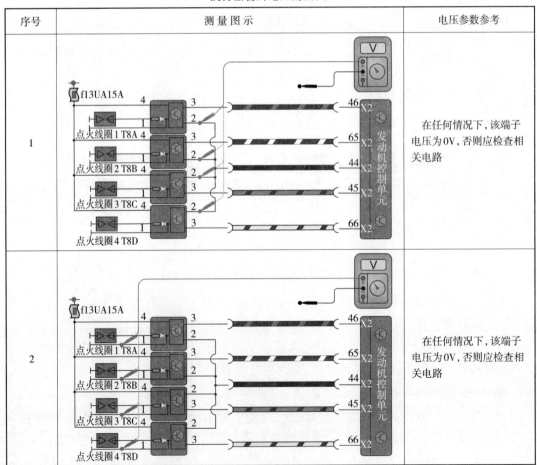	在任何情况下，该端子电压为0V，否则应检查相关电路
2		在任何情况下，该端子电压为0V，否则应检查相关电路

续上表

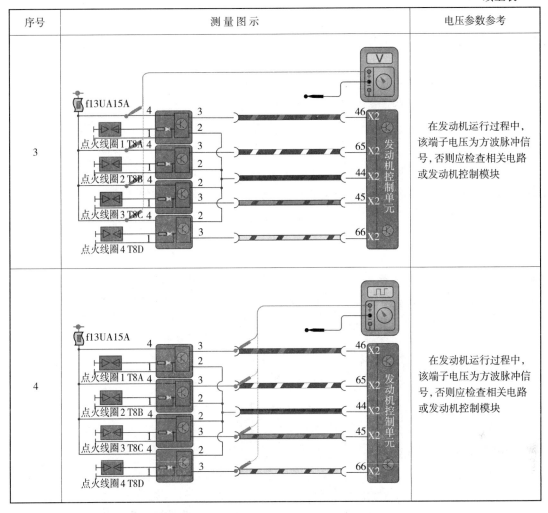

3.3.13 怠速空气控制阀的检测

怠速空气控制阀的功用是维持发动机怠速转速的稳定性，从而降低汽车怠速行驶时的燃油消耗量；在发动机怠速运行时，若负荷增大，如接通空调、动力转向和液力变扭器等，则提高怠速转速，以防止发动机熄火；而在急减速的过程中，怠速空气控制阀应增大开度，以防止发动机失速。

根据空气的流通路径，可以将怠速空气控制机构分为旁通节气门式和节气门直动式两种，而根据怠速空气控制阀的内部结构，可以分为电磁式、旋转滑阀式和步进电机式等。

本文主要介绍丰田 8A 发动机采用的占空比控制型的怠速空气控制阀的检测。

一、怠速空气控制阀的动作测试

（1）起动发动机，随着温度的上升，发动机的怠速转速应该相应下降，否则应检查发动机冷却液温度传感器—发动机控制模块—怠速空气控制阀及其相关电路工作是否正常。

（2）起动发动机，打开空调系统，发动机控制模块发出的怠速控制信号的占空比应该适当增大，发动机转速应适当上升，否则应检查空调指令开关—发动机控制模块—怠速空气控制阀及其相关电路是否工作正常。

（3）起动发动机，转动转向盘，发动机控制模块发出的怠速控制信号的占空比应该适当增大，发动机转速应适当上升，否则应检查转向压力开关—发动机控制模块—怠速空气控制阀及其相关电路是否工作正常。

（4）如果以上三种情况，发动机的转速都不能如上面所述，就应当检查怠速控制电磁阀的电阻和电路是否正常，甚至可以考虑更换发动机控制模块进行实验；如果只是某种情况下系统运行异常，则应检查信号输入装置和信号电路工作是否正常。

二、怠速空气控制阀的电阻测量

如图3-78所示，拔开怠速空气控制阀的电器连接器，用万用表测量电磁阀端两个端子之间的电阻值，如果不符合技术规范，应更换怠速空气控制阀，否则应检查其控制电路。

三、执行器与发动机控制模块之间连接电路的测试

现代汽车电子控制系统中，常见的一些故障通常是由于电路虚接、断路或短路造成的，因此在电气元件工作异常的时候也要重点检查电路工作是否正常。检查时一般分两步进行：第一步检查电路的导通性；第二步是检查各个管脚的电压是否符合要求，如果电路工作正常而传感器的信号异常，则考虑更换执行器。

❶ 检查电路的导通性

下面以丰田8A发动机为例，介绍怠速空气控制阀电路的测试过程，拔开导线两端的电器连接器，从每一根导线两端检查是否导通或电阻为零，否则说明导线有断路或虚接；不同导线之间的电阻应无穷大，否则说明导线之间有粘连，测试的过程如图3-79所示。

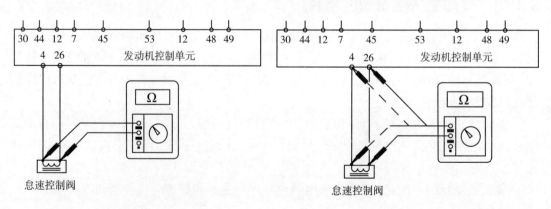

图3-78 怠速空气控制阀的电阻测量　　图3-79 怠速空气控制阀与控制模块之间电路导通性的检测

汽油发动机电控系统故障诊断

❷ 执行器管脚电压的测试（表3-26）

执行器管脚电压的测试　　　　　　　　表3-26

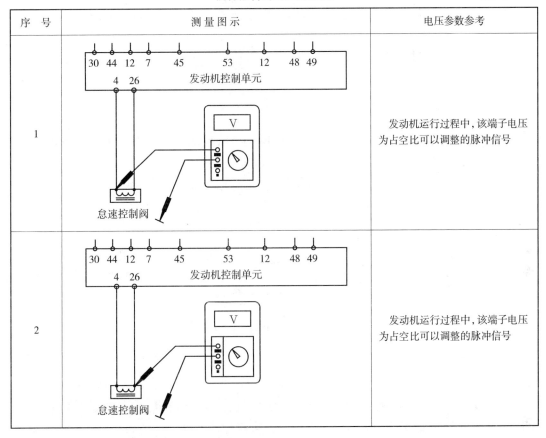

序号	测量图示	电压参数参考
1		发动机运行过程中,该端子电压为占空比可以调整的脉冲信号
2		发动机运行过程中,该端子电压为占空比可以调整的脉冲信号

3.3.14 各种伺服控制电磁阀的检测

现在汽车为了提高控制精度,采用了各种各样的辅助控制系统,例如为了提高发动机进气量采用的进气控制系统,为了提高尾气排放性能采用的废气再循环控制系统、二次空气喷射控制系统、炭罐清洗控制系统等,都采用了结构和控制原理相近的控制电磁阀。发动机控制模块就是通过这些电磁阀控制相应系统的工作。下面以上海大众PASSAT B5 AWL发动机采用的炭罐清洗控制电磁阀为例,介绍这类伺服控制电磁阀的测试过程。

一、电磁阀的动作测试

例如上海大众PASSAT B5 AWL发动机可以用解码器的最终控制诊断功能对炭罐清洗控制电磁阀及其控制电路进行诊断与检测。其方法是:连接大众专用检测设备VAG1552到汽车诊断接口,打开点火开关,输入03功能"最终控制诊断",选择"确认";踩加速踏板到节气门控制部件中的急速开关打开,此时会听到第1缸的喷油器发出"咔哒"声5次，按"→"进入下一缸喷油器检测，当完成所有喷油器的测试后，再按"→"，就可以开始对炭罐清洗控制电磁阀的测试。

若炭罐清洗控制电磁阀工作声音清脆均匀，则说明其工作正常；若炭罐清洗控制电磁阀的工作声音很小，则说明其工作不正常，有可能是针阀卡滞，应作进一步的检测；若听不见炭罐清洗控制电磁阀的工作声音，则说明其不工作，应检查炭罐清洗控制电磁阀及其控制线路。

二、电阻测量

如图3-80所示，拔下炭罐清洗控制电磁阀的电线插头，用万用表测量电磁阀两个接线端子之间的电阻值，上海大众PASSAT B5 AWL发动机使用的炭罐清洗控制电磁阀的电阻值应该为22~30Ω，如果数值不在其范围内，应更换炭罐清洗控制电磁阀。

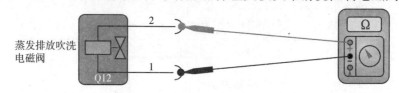

图3-80　炭罐清洗控制电磁阀电阻的测量

三、执行器与发动机控制模块之间连接电路的测试

现代汽车电子控制系统中，常见的一些故障通常是由于电路虚接、断路或短路造成的，因此在电器元件工作异常的时候也要重点检查电路工作是否正常。检查时一般分两步进行：第一步检查电路的导通性；第二步是检查各个管脚的电压是否符合要求，如果电路工作正常而传感器的信号异常，则考虑更换执行器。

❶ 检查电路的导通性

现以上海大众PASSAT B5 AWL发动机为例，介绍炭罐清洗控制电磁阀电路的测试过程，拔开导线两端的电器插接器，从每一根导线两端检查是否导通或电阻为零，否则说明导线有断路或虚接；不同导线之间的电阻应无穷大，否则说明导线之间有粘连，测试的过程如图3-81所示。

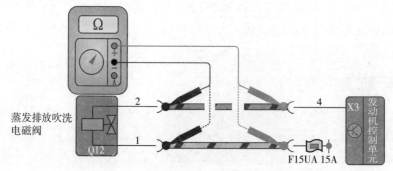

图3-81　炭罐清洗控制电磁阀与控制模块之间电路导通性的检测

❷ 执行器管脚电压的测试（表3-27）

执行器管脚电压的测试　　　　　　　　　　表3-27

序号	测量图示	电压参数参考
1	（蒸发排放吹洗电磁阀 Q12，经F15UA 15A 至发动机控制单元 X3）	在发动机运行过程中，该端子电压为蓄电池电压，否则应检查相关电路或发动机控制模块
2	（蒸发排放吹洗电磁阀 Q12，经F15UA 15A 至发动机控制单元 X3）	在该执行元件应该起作用的时候，该端子电压为脉冲电压信号，执行器工作时，该端子电压为0V

3.3.15　发动机控制模块的检测

发动机电子控制系统，就是发动机控制模块根据各种传感器监测的工况信息，去控制执行元件的工作，从而保证发动机的整体性能良好。如果发动机控制模块出现故障，发动机的局部甚至整体功能都会丧失，所以对于发动机控制模块的检测除了前面提到的一些测试方法外，还有对发动机控制模块的电源电路进行检测，如果电源电路工作正常，如果传感器工作正常，如果执行器及其电源电路工作正常，而某项功能不能正确执行，则可能是发动机控制模块存在故障，发动机控制模块的故障有来自硬件方面的故障，也有来自软件方面的故障。

一、发动机控制模块损坏的原因

（1）测试仪器使用不当造成发动机控制模块损坏。

发动机控制模块中的大多数微电子电路，只适宜极弱的电流通过。如果用内电阻小于 $10k\Omega$ 的万用表或试灯来测试计算机端子，都有可能损坏计算机。

在电路图中计算机（ECU 或 PCM）输出"5V 电源"或"5V 电压"，实际是一信号参考电压，这一电压经传感器后有变化，再输入计算机就作信号用，实际工作电压值极小，所以如果使用仪表不当，就会因通过电流过大而烧坏计算机。

（2）在燃油泵继电器端子处跨接来检查油泵及油压时，应确认何者为电源"+"极，何者为油泵连线端。比如，应跨接3←→4，而如果跨接3←→2，则会烧毁发动机控制模块中的3W三极管。

（3）拆装蓄电池搭铁线（或电源线）时，点火开关应在"OFF"位，以防因瞬间高电压损坏发动机控制模块。

（4）喷油器线束插头中有两个端子，即电源端和控制端，两端子不可短接（跨接），否则会烧坏计算机中喷油器功率三极管。

（5）若点火开关处"ON"时，喷油器一直喷油，一般是发动机控制模块中的喷油器三极管c极的并联二极管短路。如果是c极短路，则不会喷油，发动机也无法起动。如果在用起动机无法起动时，将喷油器线束中的控制线以一定节奏接搭铁再断开时，若能起动，就说明计算机中喷油器三极管损坏了。

二、发动机控制模块电源电路的测试

现代汽车电子控制系统中，常见的一些故障通常是由于电路虚接、断路或短路造成的，因此在电器元件工作异常的时候，也要重点检查电路工作是否正常。检查时一般分两步进行：第一步检查电路的导通性；第二步是检查各个管脚的电压是否符合要求，如果电路工作正常而传感器的信号异常，则考虑更换执行器。

❶ 检查电路的导通性

现以上海大众PASSAT B5 AWL发动机为例，介绍发动机控制模块电源电路的测试过程，拔开导线两端的电器连接器，从每一根导线两端检查是否导通或电阻为零，否则说明导线有断路或虚接；不同导线之间的电阻应无穷大，否则说明导线之间有粘连，测试的过程如图3-82所示。

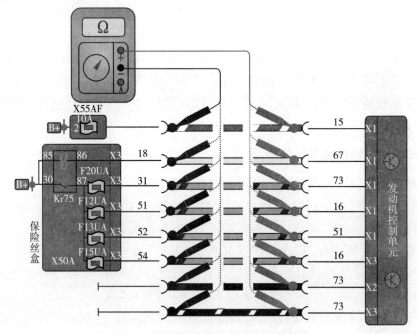

图3-82　发动机控制模块电源电路导通性的检测

❷ 执行器管脚电压的测试（表3-28）

执行器管脚电压的测试　　　　　　　　　　　　表3-28

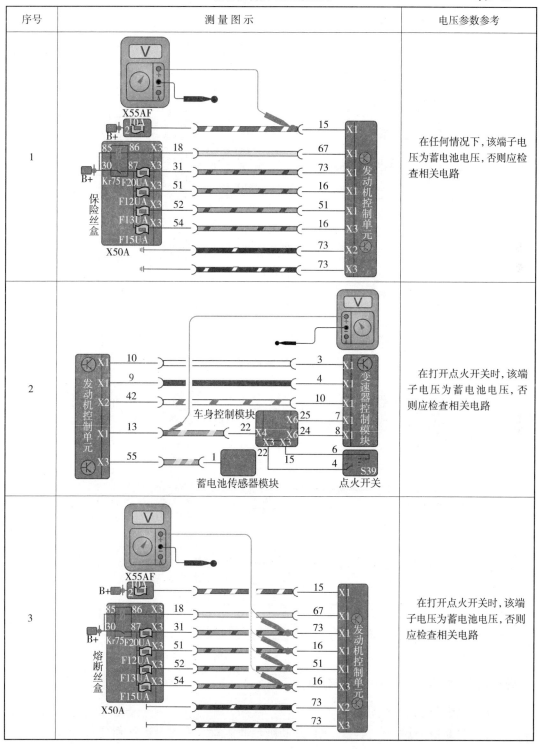

续上表

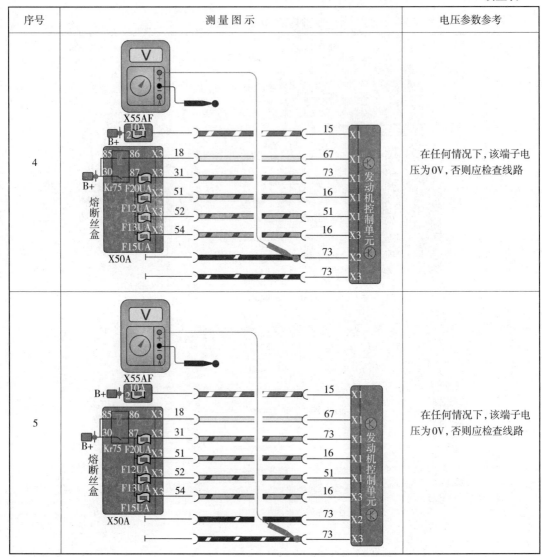

理 论 测 试

一、填空题

燃油压力过低会导致 _____、_____、_____ 等故障现象。

二、选择题

1. PCV 阀发生故障会导致 _____ 故障。
   (A) 发动机过热　　　　(B) 发动机怠速不良　　　(C) 发动机排放超标

2. 曲轴位置传感器损坏后,发动机将会_____。
   (A) 不能着车　　　　(B) 运转不良　　　　(C) 起动困难

3. 在讨论燃油系统维修时,技师甲说在拆下燃油系统附件之前,必须先释放燃油系统的压力;技师乙说释放燃油系统的压力,可以在燃油压力测试口上接一个压力表,打开压力表上释压阀,通过连接释压阀和一个完好容器的释压软管释压。谁正确?_____
   (A) 只有甲正确　　　　(B) 只有乙正确
   (C) 两人均正确　　　　(D) 两人均不正确

4. 下列哪些因素可能会使发动机在加速时出现爆震?_____
   (A) 点火正时过于提前　(B) 混合气太浓
   (C) 发动机过热　　　　(D) 真空泄漏

5. 在讨论尾气分析仪的使用时,技术人员甲说,如果想利用尾气排放值正确评价发动机的运行性能,那尾气分析仪一定要从三元催化转换器上游采样;技术人员乙说,三元催化转化器对尾气的成分已经进行过处理,因而三元催化转换器下游的尾气已不能正确反应发动机的运行性能,请问谁的说法正确?_____
   (A) 只有甲正确　　　　(B) 只有乙正确
   (C) 两人均正确　　　　(D) 两人均不正确

6. 一轿车用尾气分析仪检测发现三元催化转换器上游 HC 的含量过高,在分析其原因时,技术人员甲说,混合气过浓会造成 HC 的排放量过大;技术人员乙说,混合气过稀也会造成 HC 的排放量过大。请问谁的说法正确?_____
   (A) 只有甲正确　　　　(B) 只有乙正确
   (C) 两人均正确　　　　(D) 两人均不正确

7. 一轿车用尾气分析仪检测发现三元催化转换器上游 CO_2 的含量过低,在分析其原因时,技术人员甲说,混合气过浓会造成 CO_2 的排放量过低;技术人员乙说,混合气浓度过小也会造成 CO_2 的排放量过低。请问谁的说法正确?_____
   (A) 只有甲正确　　　　(B) 只有乙正确
   (C) 两人均正确　　　　(D) 两人均不正确

8. 发动机综合分析仪的一个重要的检测功能就是检测发动机输出功率的平衡性,在讨论其检测原理时,技术人员甲说,有的分析模块会依次切断每个汽缸火花塞的点火功能,通过比较每个汽缸的转速降来判定每个汽缸输出功率的大小;技术人员乙说,有的分析模块会记录每个汽缸工作后发动机转速的波动情况并进行比较,来判定每个汽缸输出功率的大小。请问谁的说法正确?_____
   (A) 只有甲正确　　　　(B) 只有乙正确
   (C) 两人均正确　　　　(D) 两人均不正确

9. 有些轿车发动机带有计算机控制下的配气相位调整机构,在讨论这种机构的运用时,技术人员甲说,如果机油泵不能建立油压,那这种机构将不会正常工作;技术人员乙说,这种机构主要在发动机转速发生变化的过程工况条件下才会起作用。请问谁的说法正确? _____

  (A) 只有甲正确   (B) 只有乙正确
  (C) 两人均正确   (D) 两人均不正确

10. 如果发动机冷却液温度传感器检测到冷却液温度过低,会影响发动机的运行性能。在描述具体影响时,技术人员甲说,此种故障会造成混合气过浓、点火过早、怠速转速偏离、尾气排放超标;技术人员乙说,此种故障会造成混合气过稀、点火过晚、怠速转速偏低、尾气排放超标。请问谁的说法正确? _____

  (A) 只有甲正确   (B) 只有乙正确
  (C) 两人均正确   (D) 两人均不正确

三、判断题

1. 节气门位置传感器发生故障会导致发动机无法起动。 (　　)
2. 点火信号发生器损坏将造成发动机不能起动。 (　　)
3. 适当降低燃油压力调节器调节油压可以降低油耗。 (　　)
4. 点火时间过早是导致发动机爆燃的重要原因。 (　　)

四、问答题

1. 如何清除发动机的故障代码?

2. 进气温度传感器发生故障可能导致哪些故障现象?

3. 如何检测霍尔效应式曲轴位置传感器?

4. 如何检测温度传感器?

5. 如何检测氧传感器?

6. 如何检测喷油器?

7. 发动机无着车征兆,如何判断故障部位?

8. 试分析怠速不稳可能的故障原因。

9. 分析发动机动力不足的可能原因。

单元4

汽车底盘故障诊断

● 知识目标:

1. 能够简单叙述汽车常见底盘故障现象及原因,正确描述底盘常见故障特征;
2. 掌握底盘常见故障的分析思路和判断方法,并能归纳出各种故障的实质。

● 能力目标:

1. 在教师指导下,能够分析底盘的故障现象,正确判断故障位置;
2. 能独立完成对底盘常见故障的诊断,并能排除常见故障。

● 建议学时:

10 学时

汽车底盘通常由传动系统、行驶系统、转向系统、制动系统组成。传动系统包括离合器、变速器、驱动桥三部分；制动系统包括传统概念上的制动系统和制动辅助系统。每个系统各司其职、各负其责，都是为了汽车能安全准确的运行。汽车底盘技术状况的优劣，直接关系到车辆行驶时的操纵稳定性和安全性，也影响到发动机动力传递和燃料消耗量，因此，及时、准确地判断并排除底盘部分出现的故障是非常重要的。下面就以轿车为例，介绍汽车底盘各个系统或总成的检测和故障诊断方法。

4.1 离合器的故障诊断

在手动变速器的车辆上，通常使用膜片弹簧干式离合器，只是离合器的操纵机构的运动关系有所不同，其分离机构有机械拉索式和液压式两种，但不管是哪种分离操纵机构，都是为了使离合器在应当接合的时候尽量不发生打滑，在应当分离的时候尽量不出现动力传动切断不彻底的现象，而且在分离或接合的过程中尽量做到行程适中、过渡柔和，否则都说明离合器及其分离操纵机构存在故障，离合器常见的故障现象有分离不彻底、离合器沉重、离合器打滑、离合器发抖及异响等。

4.1.1 离合器的结构和工作原理

通常轿车采用的膜片弹簧干式离合器，主要由离合器从动盘、膜片弹簧—压盘组、离合器盖等零部件组成。如图4-1所示，为膜片弹簧离合器的结构示意图；按照其分离操纵机构的工作原理的不同，离合器可以分为机械拉索式离合器和液压式离合器两种，如图4-2所示，为离合器的机械拉索式分离操纵机构；如图4-3所示，为离合器的液压式分离操纵机构，在这两种分离机构的作用下，离合器的主动盘和从动盘可以紧密接合以实现动力的传递，也可以适当地分开以切断动力的传递。如图4-4所示，为膜片弹簧离合器工作原理示意图。

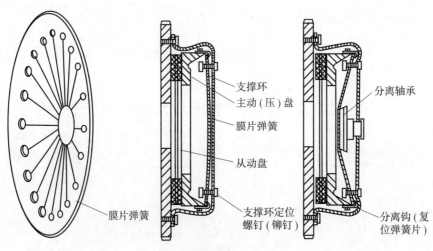

图4-1 膜片弹簧离合器

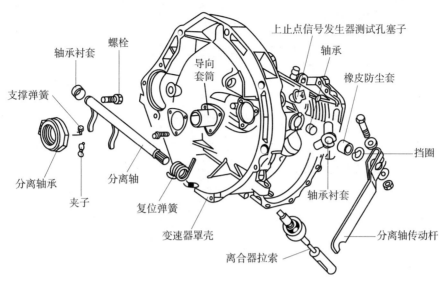

图4-2 离合器的机械拉索式分离操纵机构

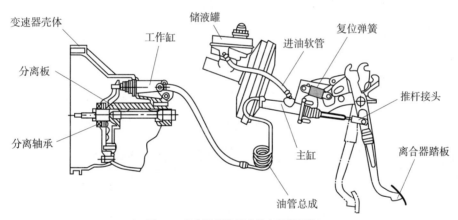

图4-3 离合器的液压式分离操纵机构

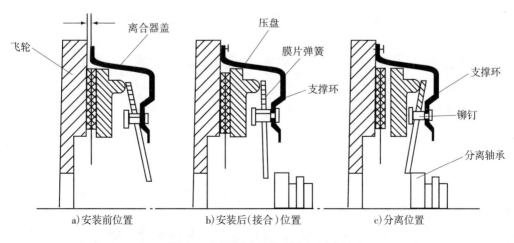

图4-4 膜片弹簧离合器工作原理示意图

4.1.2 离合器常见故障现象及其机理（表4-1）

离合器常见故障现象及其机理　　　　　　　　　　　　　　　　　表4-1

故障名称	故障现象	故障机理
离合器分离不彻底	（1）发动机怠速运转，踩下离合器踏板换挡时，换挡困难或换不了挡位，熄火后则换挡容易 （2）换上起步挡后，踩下离合器踏板起动发动机时，车辆移动 （3）离合器踏板的自由行程很大	离合器在分离后摩擦力矩依然存在，即主、从动部分依然有接触压力
离合器打滑	（1）换低挡起步时，离合器踏板完全放开后，必须加大加速踏板行程才能起步 （2）汽车加速行驶时，行驶速度不能随发动机转速升高而升高，并伴随有离合器发热、焦臭味或冒烟 （3）车辆加速性能较差，但滑行性能好	离合器产生的摩擦力矩小于需要传递的力矩
离合器异响	离合器在接合或分离时发出的不正常响声。如滑动摩擦时产生的尖叫声、金属撞击声	滑动摩擦声、金属撞击声
发抖	汽车低挡起步时，按照正确操作规范执行，但离合器不能平稳接合而且产生振抖，严重时整车产生振抖	接触-滑动-再接触-再滑动；当接触压力或面积突然增大后，才能达到静摩擦效果而恢复传动作用
离合器丧失传动能力	车辆向前、向后均无法行驶	离合器所产生的摩擦力矩很小或为零；机械连接断开
离合器沉重	踩动离合器踏板比正常时重	阻力大或杠杆作用变化

4.1.3 离合器主要部件对其工作性能的影响（表4-2）

离合器主要部件的影响　　　　　　　　　　　　　　　　　表4-2

部件名称		损伤形式	故障现象
主动部分	飞轮	飞轮后端面翘曲	离合器发抖
	离合器压盘	摩擦面翘曲	离合器发抖
	传力钢片	传力钢片失去弹性	离合器分离困难
		传力钢片折断	离合器丧失传动能力

续上表

部件名称		损伤形式	故障现象
从动部分	摩擦片与固定铆钉	摩擦片过厚	分离不彻底或无法分离
		磨损严重	离合器打滑、异响,而且沉重
		烧损、粘油污	离合器严重打滑或丧失传动能力
		翘曲	发抖
		端面与轴心线不垂直	打滑又分离不开
		铆钉剪断	丧失动力传递
		方向装反	离合器严重发响,而且同时有分离不彻底和打滑现象存在
	从动盘花键毂铆钉	花键磨损严重	离合器在接合瞬间有敲击声
		花键毂与变速器一轴配合过紧	离合器踏板沉重且有分离不彻底现象,严重时也会出现打滑现象
		铆钉剪断	离合器丧失传动能力
	减振器	弹簧折断	离合器接合不平稳或发响
压缩机构	膜片弹簧	受热退火或破裂	离合器打滑
		膜片弹簧内端磨损过度	无法分离
	支撑铆钉	支撑铆钉松动	分离不彻底
分离与操纵机构	分离轴承轴承座	轴承润滑不良	分离时发响
		轴承烧损或散架	严重发响
		轴承座与分离套筒(变速器一轴轴承盖外圆)配合过紧	离合器分离沉重且有短时间打滑
	分离拨叉、分离拨叉支撑、复位弹簧	分离拨叉未安装到位或错位	离合器无法分离
		支撑点松动	离合器分离不彻底
		弹簧折断或松脱	分离轴承响
	拉索	调整过松	离合器分离不彻底
		调整过紧	离合器打滑
		断	离合器无法分离
		拉索卡在护套内	分离沉重或无法分离
	离合器主缸	套筒或皮碗磨损严重	离合器分离困难
		皮碗发胀	离合器打滑
		进油孔堵塞	离合器打滑
		补偿孔堵塞	离合器打滑

续上表

部件名称		损伤形式	故障现象
分离与操纵机构	离合器工作缸	缸筒或皮碗磨损严重	漏油且分离困难
		皮碗发胀	离合器打滑
		排气阀泄漏	分离困难
	管路	接头松动或管路裂缝	漏油、分离困难
		管道内壁积垢过厚	分离困难
		管路压瘪	分离困难或无法分离
	踏板复位弹簧	折断或松脱	分离轴承响
其他	变速器一轴	前支撑轴承(曲轴后)散架	分离不彻底
		前支撑轴承烧结	离合器分离不彻底
		后支撑轴承盖松动或为装挡油盘	离合器打滑
		花键磨损	离合器有异响
	曲轴	轴向间隙过大	离合器即打滑,又分离不彻底。自由行程无法保证(调整)
	飞轮壳	裂纹或与曲轴位置度超差	离合器既打滑,有分离不开

4.1.4 离合器常见故障的变化规律

（1）如果在车辆起步或离合器分离瞬间出现尖叫声,则说明离合器摩擦表面出现硬化层。

（2）如果踩离合器踏板时感觉有沉闷的"咯噔"声,而且离合器踏板的自由行程难以调整,则故障是发动机曲轴窜动(曲轴的轴向间隙过大)。

（3）如果在刚踩动离合器踏板就有"沙沙"声,则为离合器分离轴承异响。

（4）如果在起动发动机后,不踩离合器踏板时有异响,踩下踏板后异响消失,故障点在变速器或传动轴。

（5）如果在起动发动机后,离合器有非常严重的金属摩擦声,且伴随有离合器分离不彻底和打滑现象,说明离合器从动摩擦盘方向装错。

（6）对于液压操纵式离合器,如果踏板踩动时有弹性感,且离合器分离不彻底,则故障为液压系统有空气。

（7）对于液压操纵式离合器,如果离合器踏板一次就可踩到底,说明液压主缸内液压油泄漏严重。

（8）对于液压操纵式离合器,如果液压系统内无气,但分离时必须踩两脚踏板,则需清洗系统管道。

4.1.5 离合器的故障情况、可能原因和排除方法(表4-3)

离合器的故障诊断　　　　　　表4-3

故障情况	可能原因	排除方法
从动盘摩擦片磨损	(1)正常磨损	更换从动盘,如果弹簧压力不足或压盘表面受损则更换压盘总成,同时应改变驾驶方式
	(2)驾驶时频繁操作离合器,由于过热造成过快磨损	
	(3)膜片弹簧弹力不足	
	(4)离合器踏板自由行程过小,或没有自由行程	调整离合器踏板的自由行程
离合器分离不彻底	(1)离合器总成松动	紧固螺栓
	(2)装错从动盘	从动盘安装正确
	(3)从动盘在装配中变形弯曲	更换从动盘
	(4)在变速器安装中,压盘总成及膜片弹簧变形弯曲	更换离合器盖总成
	(5)从动盘装反	拆下从动盘,重新正确安装使从动盘,轴套较短一端面向飞轮
	(6)分离轴承发生黏结现象而不能回复到正常工作位置	如轴承被黏结,则清洁、擦洗,严重时更换
从动盘被油、润滑脂或其他杂质所污染	(1)后主油封或输入轴油封泄漏	检查泄漏处,更换泄漏的油封和从动盘
	(2)花键、从动盘和输入轴上润滑脂太多	减少输入轴花键处的润滑脂
	(3)压盘螺栓松动或离合器盖裂纹	紧固螺栓或更换压盘总成
从动盘接合不完全	(1)压盘位置不正确或变动	更换压盘总成及从动盘
	(2)压盘、膜片弹簧、分离拨叉弯曲变形	
	(3)从动盘受损变形	更换从动盘
	(4)离合器安装偏差	检查飞轮、从动盘、压盘总成的位置及跳动,并根据需要校正
导向轴承卡住	(1)装配中轴承变形	润滑、安装新轴承;检查有无偏差并校正
	(2)轴承不合格	
	(3)轴承未经润滑	
	(4)离合器安装偏差	

续上表

故障情况	可能原因	排除方法
分离轴承接触面受损	（1）压盘总成不合适或分离拨叉变形弯曲受损	更换压盘和分离轴承总成
	（2）分离轴承本身不合格	更换分离轴承总成
	（3）分离轴承安装偏差	检查校正部件的跳动；检查输入轴和分离轴承；更换受损的轴和分离轴承
从动盘卡滞在变速器输入轴花键上	（1）在装配时，从动盘毂花键受损	清洁、打磨、润滑从动盘和输入轴花键，如花键严重受损，则更换从动盘和输入轴
	（2）输入轴花键制造粗糙，受损	
	（3）从动盘和输入轴花键处生锈	
离合器从动盘表面烧结	（1）在大负荷和较大加速度下频繁操作	用砂纸打磨飞轮，更换压盘和从动盘，改变驾驶方式
	（2）由于驾驶时频繁操作离合器，使得从动盘和压盘过热和过快磨损	
离合器从动盘、离合器盖或膜片弹簧弯曲变形	（1）强烈的操作使压盘、离合器和膜片弹簧弯曲	重新紧固和安装新的从动盘和离合器盖，若只是膜片弹簧弯曲，则检查并校正
	（2）不正确的螺栓紧固次序和方法使离合器盖弯曲	
离合器踏板有杂音	（1）紧固件松动	对松动处紧固
	（2）踏板衬套磨损或裂纹	更换磨损或受损的衬套，用润滑脂润滑销和衬套
	（3）分离轴承磨损或脏污	更换分离轴承
	（4）分离拨叉和传动部分有卡滞现象	清洁、修理分离拨叉和传动部分
离合器打滑	（1）离合器踏板自由行程不符合规定	调整离合器踏板自由行程
	（2）摩擦片磨损或脏污	更换摩擦片
	（3）压盘不合格或磨损	更换压盘总成
	（4）膜片弹簧失效	更换膜片弹簧
离合器发抖	（1）摩擦片磨损或被污染	检查离合器摩擦片，必要时更换
	（2）压盘不合格	更换压盘总成
	（3）扭转缓冲弹簧失效	更换摩擦片总成
	（4）膜片弹簧变形弯曲	更换膜片弹簧

4.2 手动变速器的故障诊断

变速器的主要作用包括改变汽车前进挡的传动比、改变汽车的运行速度、在驻车时切断汽车动力的传递。但由于各种原因,变速器在使用过程中,难免出现这样或那样的故障,从而影响汽车的运行状况,这些故障主要包括:跳挡、乱挡、换挡困难、异响及漏油。如果能抓住变速器常见故障产生的规律,制定正确的诊断和维修方法,就能保证变速器的正常运行。

4.2.1 手动变速器的结构和工作原理

如图4-5所示,为上海桑塔纳手动变速器的纵向剖视图,它主要由三部分组成,前部为变速器壳体,中部为变速器后壳体,后部为变速器后盖。其内部结构是由输入轴总成、输出轴总成(包括减速齿轮、差速器总成和换挡机构)等组成。

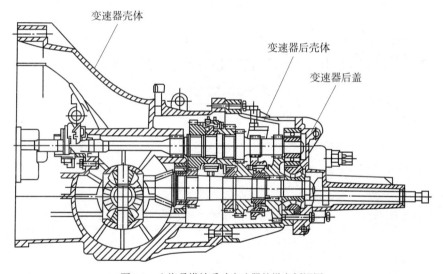

图4-5 上海桑塔纳手动变速器的纵向剖视图

4.2.2 手动变速器常见故障现象与故障机理(表4-4)

手动变速器的常见故障现象和机理　　　　表4-4

故障	故障现象	故障机理
跳挡(掉挡)	在车辆起步、加速、减速或上下坡时,变速杆自动跳回空挡位置	在非主动操纵力的作用下退出,或齿轮不能保持在啮合状态而自动退出
乱挡	在离合器分离彻底的情况下,车辆在起步或行驶中换挡时,换不上所需的挡位	操纵机构不能按意愿动作或互锁机构失效
	换上某挡位后无法退出	
	车辆静止时同时换上两个挡位	

续上表

故障	故障现象	故障机理
换挡困难	在离合器技术状况良好的情况下,变速器出现某个或同一换挡轴上的挡位换挡困难	操纵机构磨损、变形或换挡互锁机构失效
	不能按需要挂挡(挡位不清)	
异响	在空挡情况下产生异响	啮合、摩擦、滚动及金属撞击声
	在换挡时候出现齿轮啮合撞击声	
	在啮合工况下出现的异响,如齿轮啮合声及轴承运转噪声等	
漏油	变速器壳体某处或全部有油迹或油滴	密封性漏油或压力性漏油
	飞轮壳内有变速器油	

4.2.3 手动变速器主要部件对其性能的影响(表4-5)

手动变速器主要部件的影响　　　　　　　表4-5

部件名称		损伤形式	故障类型
齿轮变速机构	常啮合齿轮	断齿、齿面疲劳剥落	异响
	换挡齿轮	端部锁止锥面破坏	挂挡有异响
	一轴(输入轴)	轴径磨损	低速时有异响,高速时异响减弱
		弯曲	异响、换挡困难、掉挡、离合器分离不彻底
	二轴(输出轴)	轴径磨损、弯曲	异响、换挡困难
	倒挡轴	轴径磨损、固定松动	倒挡有异响
	变速器壳体	轴承座孔磨损	异响
		壳体裂纹	漏油、异响
	轴承	磨损松旷	异响、换挡困难、掉挡
		疲劳磨损	异响
		黏着磨损	严重异响(轴承与壳体、轴滑动)
	同步器	锁止锥面损坏	异响(未同步即啮合)
		摩擦锥面损坏	换挡困难(同步困难)
		传力块磨损	异响、掉挡

续上表

部件名称		损伤形式	故障类型
操纵机构	内换挡机构	换挡拨叉变形	换挡不到位
		换挡拨叉轴弯曲	换挡困难
		自锁钢球(销)磨损	掉挡
		互锁球(销)磨损	乱挡(换双挡)
		选挡换挡装置松动	挡位不清(找不着挡位)
	外换挡机构	选挡、换挡拉索(拉杆)调整不当	换挡困难、换不上需要的挡位
		选挡拉索护套内积污	换挡沉重
其他	齿轮与齿轮	啮合间隙过小	异响、过热
		啮合间隙过大	异响
		齿轮的轴向间隙过大	换挡困难、掉挡、乱挡(换挡后退不出)
	齿轮与轴、轴承	配合过紧	发热
		配合过松	异响
		油量过多	漏油、发热
	润滑油	油量过少	异响、发热
		混入异物或变质	严重异响、异响、发热
		通气塞堵塞	漏油

4.2.4 手动变速器故障的变化原因

（1）如果在换挡、踩下离合器踏板后，发动机可以顺利起动，但起动发动机后再挂挡则困难，故障通常是变速器同步环摩擦锥面损坏。

（2）如果在换挡时出现严重的金属撞击声，故障通常是变速器同步环的锁止锥面损坏。

（3）如果切换挡位时，前后挡位的深度不一，则浅的挡位容易出现掉挡，掉挡一般出现在起步挡或直接挡位。

（4）如果在同一拨叉轴上的两个挡位容易掉挡，故障通常是由于该轴上的自锁机构出现问题。

（5）如果在停车时就可同时挂上两个挡位，此也为乱挡的一种，故障肯定在互锁机构。

（6）如果在某个挡位时，车辆不能行驶，故障一般是常啮齿轮与轴之间的键被剪断。

（7）如果在发动机工作的情况下，踩下离合器踏板不响，松开踏板后有异响，则故障在变速器。

（8）如果变速器在任何挡位时均有异响，故障一般是变速器轴弯曲或缺油。

（9）如果变速器在低速时有异响，而在高速时异响减弱或消失，故障一般是轴承磨损。

4.2.5 变速器的故障情况、可能原因和排除方法（表4-6）

手动变速器的故障诊断　　　　　　　　　　　表4-6

故障情况	可能原因	排除方法
变速器跳挡	（1）操纵杆调整不正确，齿轮或啮合套齿形磨损成锥形	（1）检查换挡操纵机构调整是否正确，并调整正确；齿形磨损成锥形应更换
	（2）变速器轴、轴承或齿轮磨损松旷，轴向间隙过大，使轴在转动时发生窜动	（2）检查轴承是否磨损松旷，必要时更换，轴的前后窜动移动量大应进行调整
	（3）换挡叉轴凹槽及定位球磨损严重，或定位球弹簧过软	（3）检查并更换不合格零件
	（4）同步器磨损或损坏，换挡叉弯曲，换挡杆磨损严重	（4）同步器磨损严重，应更换。换挡杆弯曲和换挡杆磨损严重，应进行校正焊接或更换新品
变速器乱挡	（1）变速杆定位销磨损松旷、断裂或丢失，使变速杆失去控制作用，任意乱摆	（1）应更换定位销，调整变速操纵杆
	（2）互锁销磨损过甚，而失去互锁作用，甚至造成同时换入两个挡位	（2）更换互锁销
	（3）变速杆下端拨头的工作面磨损过甚，不能正确拨动换挡导块	（3）焊修变速杆下端头，或更换变速杆
变速器有异响	（1）齿轮牙齿磨损过甚变薄，间隙过大，运动中发出冲击声	（1）行驶时换入新挡若有明显的响声，即为该挡齿轮牙齿磨损，应检查磨损情况，必要时更换一对新齿轮
	（2）齿面啮合不良，修理时没有成对更换齿轮	（2）重新搭配一对新齿轮
	（3）齿面疲劳剥落或个别牙齿损坏折断	（3）更换一对新齿轮
	（4）轴弯曲或轴承松旷引起齿轮啮合间隙改变	（4）检查并校正弯曲的轴，或更换调整轴承
	（5）轴承磨损严重或轴承烧蚀	（5）更换轴承
	（6）轴承内、外座圈与轴颈配合松动	（6）调整配合
	（7）变速器缺油或润滑油过稠、过稀、变质	（7）应按规定加注润滑油，必要时更换润滑油
	（8）变速器内掉入异物等	（8）分解变速器，取出异物，重新装配
变速器挂不上挡	（1）叉轴弯曲，轴与导向孔严重锈蚀	（1）应拆开变速器盖，检查换挡叉轴是否弯曲，如弯曲应校正。轴与导向孔锈蚀，应除锈修复
	（2）换挡叉固定螺钉松动	（2）紧固换挡叉固定螺钉
	（3）操纵杆调整不良	（3）正确调整操纵杆
	（4）同步系统损坏	（4）更换损坏的同步系统零件

4.3 自动变速器的故障诊断

现代轿车几乎所有车型都装配有自动变速器,这主要是提高驾驶的舒适性,降低劳动强度,这些自动变速器多采用行星齿轮机构作为换挡的基本构成,根据行星齿轮机构的排列形式,自动变速器可以分为辛普森式和拉维奈尔式两种,有些变速器在这两种形式的换挡机构的基础上还增加了一些附属机构或系统,以期使变速器的运行更加人性化。

由于变速器结构复杂,有电子控制系统、液压控制系统,还有机械系统,任何系统或部件出现故障,都会影响自动变速器的运行,车辆的行驶也会出现不同程度的问题。对自动变速器的检测通常是首先利用解码器提取自动变速器控制系统的故障记忆,然后根据故障现象加上一些必要的测试手段,确定故障的部位,实施必要的修复。

4.3.1 利用汽车计算机检测仪读取故障码

为方便汽车维修人员对汽车各部分的电子控制系统甚至机械系统进行维修,许多汽车制造厂家为自己生产的车辆设计了专用的通信式的计算机检测仪。这些汽车的控制电路上有一个专用的计算机故障检测插座,其通常位于发动机附近或驾驶室仪表板下方(图4-6),通过特殊的线路与汽车各部分计算机连接。只要把汽车制造厂提供的该车型的计算机检测仪与汽车上的计算机故障检测插座连接,然后接通点火开关,就可方便地对汽车的发动机、自动变速器及其他部分电子控制系统进行检测。

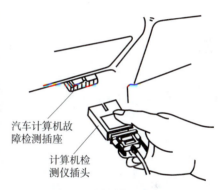

图4-6 汽车计算机故障检测插座

通过专用或通用的汽车计算机检测仪或汽车计算机解码器,可以对自动变速器的控制系统进行以下几种检测。

(1)读取故障码。汽车计算机检测仪和汽车计算机解码器都可以很方便地读出储存在汽车自动变速器控制计算机内的故障码,并显示出故障码的含义,为检修自动变速器提供可靠的依据。

(2)进行数据传输。许多车型的计算机运行中会将各种输入、输出信号的瞬时数值,以串行输送的方式,经故障检测插座内的某个插孔向外传送。计算机检测仪可以将这些数值以数据流的方式在检测仪的屏幕上显示出来,使整个控制系统的工作一目了然。检修人员可以根据自动变速器工作过程中控制系统各种数据的变化情况来判断控制系统的工作是否正常或将计算机的指令与自动变速器的实际反应进行比较,以准确地分辨故障出在控制系统还是自动变速器其他部分。

(3)清除计算机储存的故障码。故障一旦被检测出将以故障码的方式存储于ECU中,直至蓄电池电缆被拆除掉。计算机检测仪可以通过向汽车计算机发出指令的方法来清除汽车计算机内储存的故障码,以免除拆卸蓄电池电缆。

4.3.2 自动变速器常见故障诊断与排除

自动变速器出现故障但无故障码输出时,应根据故障的现象分析可能的故障原因,用正确的方法查找出故障确切部位。下面列举了自动变速器常见故障的故障原因和故障诊断方法。

一、自动变速器异响(表4-7)

自动变速器异响的故障诊断　　　　　　　　　　　　表4-7

故障现象	(1)在汽车行驶过程中,自动变速器内始终有某种异常响声
	(2)汽车行驶中自动变速器有异响,停车挂空挡后异响消失
故障原因	(1)油泵因磨损严重或自动变速器机油油面高度过低、过高而产生异响
	(2)变矩器因锁止离合器、导轮、单向离合器等损坏而产生异响
	(3)行星齿轮机构异响
	(4)换挡执行元件异响
排除方法	(1)检查自动变速器机油油面高度。若太高或太低,应调整至正确高度
	(2)用举升器将汽车升起,起动发动机,在空挡、前进挡、倒挡等状态下检查自动变速器产生异响的部位和时刻
	(3)若在任何挡位下自动变速器前部始终有一连续的异响,通常为油泵或变矩器异响。对此,检查油泵有无磨损、变矩器内有无大量摩擦粉末。如有异常,应更换油泵或变矩器
	(4)若自动变速器只有在行驶中才有异响,空挡时无异响,则为行星齿轮机构异响。对此,检查行星齿轮机构各个零件有无磨损痕迹,齿轮有无断裂,单向离合器有无磨损、卡滞,轴承或止推垫片有无损坏。如有异常,应予以更换

二、自动变速器机油易变质(表4-8)

自动变速器机油易变质的故障诊断　　　　　　　　　　表4-8

故障现象	更换后的新自动变速器机油使用不久即变质。自动变速器温度太高,从加油口处看到向外冒烟
故障原因	(1)汽车使用不当,经常超负荷行驶,如经常用于拖车或经常急加速、超速行驶等
	(2)变速器至散热器之间的机油通道有堵塞,使自动变速器机油得不到及时的冷却而温度过高
	(3)离合器或制动器的间隙过小,在不工作时摩擦打滑,造成油温过高而变质
	(4)主油路油压太低,离合器或制动器在工作中打滑

续上表

排除方法	（1）让汽车以中低速行驶5~10min，待自动变速器达到正常工作温度后，在发动机运转过程中检查自动变速器机油散热器的温度
	（2）自动变速器机油散热器的温度应该为60℃左右 ①若自动变速器机油散热器的温度过低，说明油管堵塞，或通往自动变速器机油散热器的限压阀卡滞。这样，自动变速器机油得不到及时的冷却，油温过高，导致变质 ②若自动变速器机油散热器的温度太高，说明离合器或制动器自由间隙太小。对此，应拆卸自动变速器，予以调整 ③若自动变速器机油散热器的温度正常，应测量主油路油压
	（3）若上述检查均正常，则故障可能是汽车经常超负荷行驶所致，或未按规定使用合适牌号的自动变速器机油所致。对此，可将自动变速器机油全部放出，加入规定牌号和数量的自动变速器机油

三、自动变速器打滑（表4-9）

自动变速器打滑的故障诊断　　　　　　　　　　　　　　　　表4-9

故障现象	（1）起步时踩下加速踏板，发动机转速很快升高，但车速升高缓慢
	（2）行驶中踩下加速踏板加速时，发动机转速升高，但车速没有很快提高
	（3）平路行驶基本正常，但上坡无力，且发动机转速异常高
故障原因	（1）自动变速器机油油面太低，导致离合器、制动器打滑
	（2）离合器或制动器摩擦片、制动带磨损严重或烧焦
	（3）油泵磨损严重或主油路泄漏，造成油路油压过低
	（4）单向离合器打滑
	（5）离合器或制动器、蓄压器活塞密封圈损坏，导致漏油
排除方法	（1）检查自动变速器机油的油面高度和品质 ①若油面过低或过高，应先调整至正常后再做检查。若油面调整正常后自动变速器不再打滑，可不必拆修自动变速器 ②若自动变速器机油呈棕黑色或有烧焦味，说明离合器或制动器的摩擦片或制动带有烧焦，应拆修自动变速器。若油面高度和油品质均正常，则进行下述检查
	（2）进行道路试验 道路试验可以确定自动变速器是否打滑，并检查出现打滑的挡位和打滑的程度 将操纵手柄拨入不同的位置，让汽车行驶。若自动变速器升至某一挡位时发动机转速突然升高，但车速没有相应地提高，即说明该挡位有打滑。打滑时发动机的转速越容易升高，说明打滑越严重 以三行星排的辛普森式4挡行星齿轮机构为例，根据出现打滑的规律，可判断产生打滑的换挡执行元件 ①自动变速器在所有前进挡都有打滑现象，倒挡不打滑，则为前进挡离合器打滑 ②若自动变速器在操纵手柄位于"D"位时的1挡有打滑，而在操纵手柄位于"L"位时的1挡不打滑，则为前进挡单向离合器打滑。若不论操纵手柄位于"D"位或"L"位时，1挡都有打滑现象，则为低速挡及倒挡制动器打滑

续上表

排除方法	③若自动变速器只是在操纵手柄位于"D"位时的2挡有打滑,而在操纵手柄位于"S"位时的2挡不打滑,则为2挡单向离合器打滑。若不论操纵手柄位于"D"位或"S"位时,2挡都有打滑现象,则为2挡制动器打滑 ④若自动变速器只是在3挡有打滑现象,则为倒挡及高速挡离合器打滑 ⑤若自动变速器只是在超速挡时有打滑现象,则为超速挡制动器打滑 ⑥若自动变速器在倒挡和高速挡时都有打滑现象,则为倒挡及高速挡离合器打滑 ⑦若自动变速器在倒挡和1挡时都有打滑现象,则为低速挡及倒挡制动器打滑 ⑧若自动变速器在前进挡和倒挡时都有打滑现象,则为主油路的油压过低 (3)检查主油路油压 ①在拆检自动变速器之前,先检测主油路油压 ②若主油路油压正常,则只要更换磨损或烧焦的摩擦元件即可 ③若主油路油压不正常,则在拆修自动变速器的过程中,应根据主油路油压相应地对油泵或阀体进行检修,并更换自动变速器所有的密封圈和密封环

四、自动变速器换挡冲击大(表4-10)

自动变速器换挡冲击大的故障诊断　　　　　　　　　　　　表4-10

故障现象	在起步时,由驻车挡或空挡换入前进挡或倒挡时,汽车有明显的振动,而在汽车行驶中,在自动变速器升挡的瞬间汽车也有较明显的冲击
故障原因	(1)发动机怠速过高 (2)节气门拉索或节气门位置传感器调整不当,使主油路油压过高;主油路调压阀有故障,使主油路油压过高,导致的换挡冲击 (3)升挡过迟 (4)蓄压器活塞卡住,不能起减振作用 (5)单向球阀的阀球漏装,换挡执行元件(离合器或制动器)接合过快。换挡执行元件打滑 (6)油压电磁阀不工作 (7)自动变速器计算机有故障
排除方法	(1)检查发动机怠速,若怠速过高,应按标准(怠速一般约为750r/min)予以调整 (2)检查节气门拉索或节气门位置传感器的调整情况,如不符合标准,应重新予以调整 (3)进行道路试验,判断自动变速器有无打滑或升挡过迟故障 (4)检测主油路油压 ①若怠速时的主油路油压过高,则说明主油路调压阀或节气门阀有故障,可能是调压弹簧的预紧力过大或阀芯卡滞所致 ②若怠速时主油路油压正常,但起步挂挡时有较大的冲击,则说明前进挡离合器或倒挡及高速挡离合器的进油止回球阀球阀损坏或漏装。对此,应拆卸阀体并予以修理 ③若换挡时主油路油压没有下降,则说明蓄压器活塞卡滞。对此,应拆检阀体和蓄压器 (5)电子控制自动变速器如果出现换挡冲击过大的故障,应检查油压电磁阀的线路以及油压电磁阀工作是否正常、计算机是否在换挡的瞬间向油压电磁阀发出控制信号。如果线路有故障,应予以修复;如果电磁阀损坏,应更换电磁阀;如果计算机在换挡的瞬间没有向油压电磁阀发出控制信号,说明计算机有故障,对此,应更换计算机

五、自动变速器无倒挡（表4-11）

自动变速器无倒挡的故障诊断　　　　　　　　　　表4-11

故障现象	汽车在前进挡时能正常行驶，但在倒挡时不能行驶
故障原因	（1）操纵手柄调整不当 （2）倒挡油路泄漏 （3）倒挡及高速挡离合器或低速挡及倒挡制动器打滑
排除方法	（1）检查自动变速器操纵手柄的位置。若有异常，应按规定顺序重新调整。若正常，进行下一步检查 （2）检查倒挡油路油压。若油压过低，则说明倒挡油路泄漏。应拆检自动变速器。若倒挡油路油压正常，应拆检自动变速器，更换损坏的离合器片或制动器片（制动带）

六、自动变速器无前进挡（表4-12）

自动变速器无前进挡的故障诊断　　　　　　　　　　表4-12

故障现象	（1）汽车倒挡行驶正常，在前进挡时不能行驶 （2）自动变速器操纵手柄在"D"位时不能起步，在S位（或"2"位）、"L"位（或"1"位）时可以起步
故障原因	（1）前进挡离合器严重打滑 （2）前进挡单向离合器打滑或装反 （3）前进挡离合器油路严重泄漏 （4）自动变速器操纵手柄调整不当
排除方法	（1）检查操纵手柄的调整情况。若有异常，应重新调整 （2）测量前进挡主油路油压 ①若油压过低，说明主油路严重泄漏，应拆检自动变速器，更换前进挡油路上各处的密封圈和密封环 ②若前进挡的主油路油压正常，应拆检前进挡离合器。如摩擦片表面粉末冶金层有烧焦或磨损过甚，应更换摩擦片 ③若主油路油压和前进挡离合器均正常，则应检查前进挡单向离合器有无打滑，安装方向是否正确

七、汽车不能行驶（表4-13）

汽车不能行驶的故障诊断　　　　　　　　　　表4-13

故障现象	无论操纵手柄位于倒挡、前进挡或前进低挡，汽车都不能行驶
故障原因	（1）自动变速器机油底壳油全部漏光 （2）主油路严重泄漏 （3）油泵进油滤网堵塞或油泵损坏 （4）操纵手柄和手动阀摇臂之间的连杆或拉索松脱，手动阀保持在空挡或驻车挡位置 （5）变矩器损坏而不能传递动力

续上表

排除方法	（1）检查自动变速器机油的油面高度。若油尺上没有自动变速器机油，说明自动变速器内的油已全部漏光。对此，应检查油底壳、自动变速器机油散热器、油管等处有无破损而导致漏油。如有严重漏油处，应修复后重新加油。如果油面正常，进行下一步检查 （2）检查自动变速器操纵手柄与手动阀摇臂之间的连杆或拉索有无松脱。如有松脱，应重新调整好操纵手柄的位置。若无松脱，进行下一步检查 （3）检查主油路油压。拆下主油路测压孔上的螺塞，起动发动机，将操纵手柄拨至前进挡或倒挡位置，检查测压孔内有无自动变速器机油流出 ①若测压孔内有大量油液喷出，说明主油路油压正常，故障出在自动变速器中的输入轴、行星齿轮机构或输出轴。对此，应拆检自动变速器 ②若主油路侧压孔内没有油液流出，打开油底壳，检查手动阀摇臂是否松脱。若手动阀工作正常，说明油泵损坏。应维修或更换油泵 ③若主油路测压孔内只有少量油液流出，油压很低或基本上没有油压，应打开油底壳，检查油泵进油滤网有无堵塞。若无堵塞，应拆卸分解自动变速器，检查油泵和主油路调压阀 ④若冷车起步时主油路有一定的油压，但热车后油压即明显下降，说明油泵磨损严重，应更换油泵

八、升挡过迟（表4-14）

升挡过迟的故障诊断 表4-14

故障现象	在汽车行驶中，升挡车速明显偏高。升挡前发动机转速高于正常值，必须采用松加速踏板提前升挡的操作方法才能使自动变速器升入高挡或超速挡
故障原因	（1）节气门拉索或节气门位置传感器调整不当 （2）节气门位置传感器损坏 （3）主油路油压太高 （4）调速器阀卡滞。调速器阀弹簧预紧力过大 （5）计算机或传感器有故障
排除方法	（1）进行故障自诊断。如有故障码，则按所显示的故障码查找故障原因；如果无故障码输出，或故障码所显示的故障排除后故障现象仍未消除，则进行下一步检查 （2）检查节气门拉索或节气门位置传感器的调整情况。如不符合标准，应重新予以调整 （3）测量节气门位置传感器的电阻。如不符合标准，应予以更换 （4）测量怠速时的主油路油压，若油压太高，应通过节气门拉索或节气门位置传感器予以调整。若调整无效，应拆检主油路调压阀或节气门阀 （5）若主油路油压正常，应测量调速器阀油压 ①若调速器油压值低于标准值，说明调速器有故障或调速器油路有泄漏。对此，应拆卸自动变速器，检查调速器固定螺栓有无松动、调速器油路上的各处密封圈或密封环有无磨损漏油、调速器阀阀芯是否卡滞或磨损过甚、调速器弹簧是否太硬 ②若调速器油压正常，则升挡过迟的故障原因为换挡阀工作不良。对此，应拆检或更换阀体 （6）检查节气门位置传感器、车速传感器和油压电磁阀，若均正常，则应更换自动变速器计算机再进行测试

九、自动变速器不能升挡(表4-15)

自动变速器不能升挡的故障诊断　　　　　　　表4-15

故障现象	汽车行驶中自动变速器始终保持在1挡,不能升入2挡,或虽能升入2挡,但不能升入3挡和超速挡
故障原因	(1)节气门拉索或节气门位置传感器调整不当
	(2)调速器阀有故障
	(3)车速传感器有故障
	(4)2挡制动器或高速挡离合器有故障
	(5)换挡阀卡滞
	(6)挡位开关有故障
	(7)自动变速器计算机有故障
排除方法	(1)先进行故障自诊断。若有故障码输出,按所显示的故障码查找故障原因;若无故障码输出,或故障码所显示的故障排除后故障仍存在,则进行下一步检查
	(2)检查节气门拉索或节气门位置传感器的调整情况。若调整不当,予以重新调整。若正常,进行下一步检查
	(3)检查挡位开关的信号。如有异常,应予以调整或更换。若正常,进行下一步检查
	(4)测量调速器阀油压。若车速升高后调速器阀油压仍为零或很低,说明调速器阀有故障或调速器阀油路严重泄漏。应拆检调速器阀。若调速器油压正常,应拆卸阀体,检查各个换挡阀。若换挡阀正常,进行下一步检查
	(5)检查各个换挡执行元件有无打滑,用压缩空气检查各个离合器、制动器油路或活塞有无泄漏
	(6)上述检查均正常,则更换自动变速器计算机再进行测试

十、自动变速器无超速挡(表4-16)

自动变速器无超速挡的故障诊断　　　　　　　表4-16

故障现象	在汽车行驶中,车速已升高至超速挡工作范围,但自动变速器仍不能从3挡换入超速挡
故障原因	(1)自动变速器机油温度传感器有故障,挡位开关有故障,或超速挡电磁阀有故障
	(2)超速挡开关有故障
	(3)节气门位置传感器有故障
	(4)超速离合器或直接挡单向离合器卡死
	(5)3-4换挡阀卡滞
	(6)超速挡制动器打滑
	(7)自动变速器计算机有故障

续上表

排除方法	（1）先进行故障自诊断，如果有故障码按显示的故障码查找故障原因。如果无故障码输出，或故障码所显示的故障排除后故障仍存在，则进行下一步检查
	（2）检查自动变速器机油温度传感器。测其在不同温度下的电阻值，若有异常（与标准值比较），应更换自动变速器机油温传感器；若自动变速器机油温度传感器电阻值正常，则进行下一步检查
	（3）检查挡位开关和节气门位置传感器的信号。挡位开关的信号应和操纵手柄的位置相符，节气门位置传感器的电阻或输出电压应能随节气门的开大而上升，并与标准值相符。若有异常，应予以调整；若调整无效，应更换挡位开关或节气门位置传感器；若上述检查均正常，则进行下一步检查
	（4）检查超速挡开关。在"ON"位置时，超速挡开关的触点应断开，超速挡取消指示灯不亮；在"OFF"位置时，超速挡开关的触点应闭合，超速挡取消指示灯亮起。如有异常，应检查电路或更换超速挡开关。若上述检查正常，则进行下一步检查
	（5）检查超速挡电磁阀的工作情况。不起动发动机，点火开关置于"ON"位置，在按下超速挡开关时，检查超速挡电磁阀有无工作的声响，若超速挡电磁阀不工作，应检查控制线路或更换超速挡电磁阀。若上述检查正常，则进行下一步检查
	（6）检查在空载状态下自动变速器的升挡情况。用举升器将汽车让驱动轮悬空，看自动变速器空载情况下能否升入超速挡 ①若空载状态下自动变速器能升入超速挡，且升挡车速正常，说明控制系统工作正常，故障原因为超速挡制动器在有负荷时打滑 ②若能升入超速挡，但升挡后车速提不高，发动机转速下降，说明超速挡离合器或直接挡单向离合器卡死 ③若在无负荷状态下仍不能升入超速挡，说明控制系统有故障。应拆卸阀体，检查3-4挡换挡阀，或者更换阀板总成
	（7）在上述检查正常时，应更换自动变速器计算机再进行测试

4.4 行驶系统的故障诊断

汽车的行驶系统包括车架、车桥和车轮、悬架等。小型客车行驶系统的特点是车架、车身为一体的承载式车身居多；悬架一般为前麦弗逊式、后为横向双摆臂式，弹性元件一般为螺旋弹簧，也有油气或空气弹簧；车轮一般为子午线胎、平底轮辋等。另外，轿车行驶系统除有前轮定位参数外，还有后轮定位参数（后轮外倾和后轮前束），统称为"四轮定位"。如果汽车的行驶系统出现故障，就会影响汽车行驶的安全性、舒适性和经济性，因此对行驶系统进行检测和正确的故障诊断，是恢复汽车性能的重要保证。

4.4.1 行驶系统的结构和工作原理

行驶系统由车桥、悬架、车轮、轮胎组成，下面分别介绍车桥、悬架、车轮、轮胎的构成和工作原理。

一、车桥和悬架

（1）前桥。

独立悬架如图4-7所示。其和车身的连接方式如图4-8所示,前悬架总成通过A点与车身连接,B点为横拉杆通过球销与前悬架支架上的转向臂连接的连接点,C点为传动轴的花键与前轮毂的连接点,D点是前悬架与下摇臂的连接点。

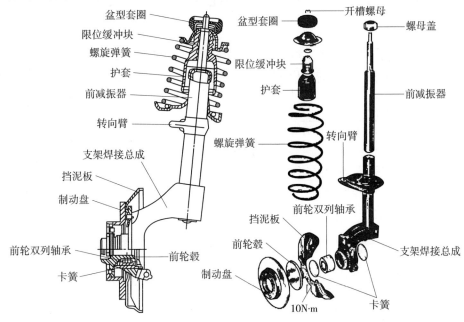

图4-7 前悬架

（2）后桥。

小型客车后桥采用独立悬架,也可采用非独立悬架式的整体摆动桥,如图4-9所示,它是由后桥体、螺旋弹簧、减振器等机件组成。

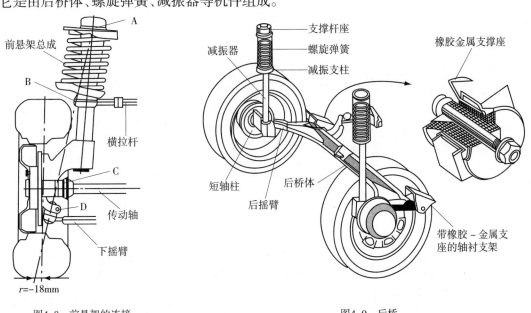

图4-8 前悬架的连接　　　　图4-9 后桥

二、车轮和轮胎

小型客车多装配无内胎的子午线轮胎,这种轮胎相比较其他轮胎弹性大,耐磨性好,滚动阻力小,承载能力高,同时在高速行驶或转弯时操纵性与稳定性较好,在操纵和行驶速度上都得到改善。

车轮的安装既要满足较好平顺性的结构设计,也要保证自动回正的能力。

4.4.2 行驶系统常见故障现象及其机理(表4-17)

行驶系统常见故障现象及其机理 表4-17

类型	故障现象	故障机理
行驶跑偏	车辆在直线行驶过程中,需要不断校正方向,如果轻扶转向盘,车辆就会向一侧跑去	两侧车轮在行驶过程中的线速度不等
摆振	当车速超过一定值后,整个车身出现严重振动	外力对车辆的冲击振动与车辆的自有振动发生共振
	当车速低速行驶,遇到路面坑凹时,整个车身会出现严重振动	
轮胎磨损 (图4-10)	胎肩磨损	"桥式磨损"
	正中磨损	接触面积过小
	单侧磨损	有横向滑移
	胎面磨损	胎温过高
	羽状磨损	侧滑量过大
	锯齿状磨损	不规则磨损
	波浪状磨损	轮胎横向、径向跳动量过大
	胎肩碟片状磨损	同上
轮毂发热	车辆行驶一定里程后,轮毂轴承外侧发烫,严重时会出现轴承润滑脂熔化流出	摩擦生热
异响	车辆行驶中,在车轮处发出"咯咯"或"嚓嚓"声。车辆在转弯或遇到坑洼不平时发出"吭吭"的金属撞击声	摩擦异响 间隙过大产生的金属撞击声

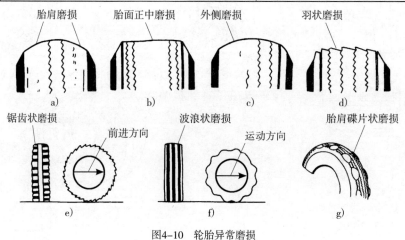

图4-10 轮胎异常磨损

4.4.3 行驶系统主要部件对其工作性能的影响（表4-18）

行驶系统主要部件的影响　　　　　　表4-18

部件名称		损伤形式	故障类型
悬架系统	弹簧	弹力下降	车身偏斜而行驶跑偏
	减振器	漏油或无油	车身摆振、异响
	拉杆	变形或松旷	行驶跑偏、轮胎磨损或车身摆振
	胶套	破损	异响、轮胎磨损、车身摆振
车轮及车架	轮胎	见图4-10	滑行性下降或加速打滑；方向发摆或车身摆振、振动等
	轮辋及轮胎螺栓	轮辋变形	轮胎异常磨损、方向发摆或车身摆振
	轮毂及轴承	轮胎螺栓松旷	轮胎异常磨损、螺栓断而导致发生交通安全事故
		轮毂轴承承孔磨损	轮毂发热
	车架	轴承磨损或间隙调整不当	异响、发热或车轮发摆
		变形	车轮定位失准
		局部断裂	车轮定位失准、异响
四轮定位	行驶系统各件之间的配合技术状况（仅限于行驶系统有关的参数）	前后轮前束（同时反映前后轮外倾角）	轮胎磨损、行驶跑偏
		前后车桥不平行	行驶跑偏
		前(后)两车轮不同轴	行驶跑偏、轮胎打滑

4.4.4 行驶系统的常见故障规律

（1）如果四轮轮毂轴承温度（预紧度）不一，汽车行驶时就会跑偏。

（2）如果四轮制动鼓或盘的温度（有制动拖滞）不一，汽车行驶时就会跑偏。

（3）如果四轮的轮胎花纹、气压、滚动半径等技术条件不一，汽车行驶时就会跑偏。

（4）如果车身左右倾斜，汽车行驶时就会跑偏。

（5）如果轮胎气压、前轮定位、后轮定位、减振器及轮胎动平衡等出现问题都会造成轮胎异常磨损。

（6）如果车辆低速发摆，应检查减振器是否漏油、失效，转向传动机构间隙是否过大、前轮定位角度是否失准、轮胎是否装偏或轮辋是否严重变形等。

（7）如果车辆高速发摆，应检查轮胎动平衡是否被破坏。

4.4.5 行驶系统的故障现象、可能原因和排除方法（表4-19）

行驶系统的故障诊断　　　　　　表4-19

故障现象	可能原因	排除方法
前轮打摆或颠簸	（1）两前轮气压不相同 （2）车轮不平衡 （3）减振器失效 （4）轮毂轴承松动 （5）前轮定位不正确 （6）稳定器失效 （7）悬架臂轴套磨损严重 （8）转向零件磨损严重 （9）转向器在车架上固定松动	（1）调整轮胎气压 （2）平衡车轮 （3）更换减振器 （4）调整轮毂轴承松紧度 （5）正确调整前轮定位 （6）更换稳定器 （7）更换悬架臂轴套 （8）更换磨损严重的转向零件 （9）拧紧转向器固定螺栓
轿车跑偏	（1）两侧轮胎气压不等 （2）前制动器分离不彻底 （3）前弹簧失效 （4）两侧前轮定位不同 （5）前轮轴承过紧 （6）车身底部或车架变形 （7）后桥变形 （8）减振器失效	（1）调整轮胎气压 （2）检修前制动器 （3）更换前弹簧 （4）调整两侧前轮定位数据一致 （5）调整前轮轴承 （6）校正或更换车身或车架 （7）更换后桥 （8）更换减振器
轮胎胎面磨损不均匀	（1）前束和外倾角调整不当 （2）轮胎气压过高 （3）车轮摆差过大 （4）制动器分离不彻底 （5）悬架零件磨损严重 （6）转弯速度过快	（1）正确调整前束和外倾角 （2）轮胎按标准充气 （3）更换车轮 （4）检修制动器 （5）更换悬架不合格零件
乘坐舒适性不良	（1）轮胎气压过高 （2）轮胎型号不对 （3）减振器失效 （4）弹簧失效	（1）保持轮胎标准气压 （2）按原厂规定选用轮胎 （3）更换减振器 （4）更换弹簧

续上表

故障现象	可能原因	排除方法
前轮侧滑	（1）前束不符合规定	（1）按规定数据调整前束
	（2）轮胎气压不符合标准	（2）按标准给轮胎充气
	（3）前轮毂轴承和横拉杆松旷	（3）调整前轮毂轴承和横拉杆，必要时更换不合格零件
	（4）前轮偏摆	（4）检查轮辋是否变形，必要时更换轮辋

4.5 转向系统的故障诊断

现代汽车转向系统大多采用助力转向操纵方式，这种助力方式有不受计算机控制的液压助力系统，也有受计算机控制的液压助力系统，还有计算机控制的电动助力转向系统。如上海大众桑塔纳汽车采用的是机械式转向器，它由转向操纵机构、转向器和转向传动机构组成。如果转向系统出现故障，轻则转向沉重，重则车毁人亡，因此对转向系统的事先检测和进行必要的诊断是关系车辆安全的重要保证。下面以桑塔纳"时代超人"车型的普通液压助力转向系统为例介绍普通转向系统的故障诊断过程。

4.5.1 转向系统的构造和工作原理

桑塔纳汽车转向系统由转向操纵机构、转向器和转向传动机构组成，如图4-11所示，其工作过程是：转向盘→转向柱→转向器→转向横拉杆及转向减振器→车轮。

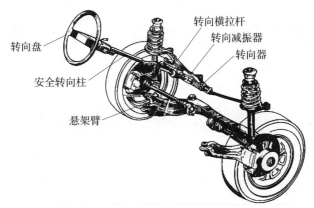

图4-11 桑塔纳汽车转向系统

4.5.2 转向系统常见故障现象及其机理（表4-20）

转向系统常见故障现象及其机理　　表4-20

类　型	故障现象	故障机理
前轮异常磨损	轮胎磨损速度加快，胎面形状异常（图4-10中的胎肩磨损、正中磨损、单侧磨损、羽状磨损等）	胎面与地面未实现纯滚动性接触

续上表

类 型	故障现象	故障机理
自由行程过大	汽车保持直线行驶位置静止不动时,轻轻来回晃动转向盘,自由角度很大(大于15°)	转向各部位传动间隙过大
转向沉重	汽车在行驶中,向左、向右转动转向盘时感觉沉重费力,且自动回正性差	摩擦阻力过大;运动的阻力臂过大
	在液压转向助力系统不缺油、发动机运转的情况下,转动转向盘仍然费力	转向助力系统不工作或工作不正常
前轮发摆(转向发抖)	汽车在低速行驶时。当遇到坑洼不平时,两前轮出现各自围绕主销轴心线进行振动现象(前轮发摆),严重时整个车头晃动、转向盘左右摆转	转向轮定位角不准;转向传动间隙过大,使得回正力矩加大,而且系统存在产生振动的空间
	汽车在某高速范围内行驶时,出现两前轮发摆现象,严重时整个车头晃动,感觉方向难以控制	转向轮的横向摆振频率与车轮的固有频率发生共振(主要是车轮动补平衡量过大)
转向发响	汽车在大角度转弯时发出"咯咯"的金属撞击声,响声一般发生在转向驱动桥上	间隙过大引起的金属撞击声

4.5.3 转向系统主要部件对其工作性能的影响(表4-21)

转向系统主要部件的影响　　　　　　表4-21

部件名称或参数		损伤形式	故障类型
转向盘至转向器	转向盘	固定松动	转向盘上下移动、自由量大
	转向轴	转向轴导向轴承润滑不良或散架	转向发响或转向自由行程大
	万向节	十字轴式万向节轴承磨损或松旷,万向节叉松动	转向有异响
	转向器	调整弹簧弹力不足	转向自由行程大
转向传力机构	转向拉杆及球头铰接	拉杆变形	转向沉重或有异响
		间隙过小或润滑不良	转向沉重
		磨损、间隙过大、固定松动	转向自由行程大、前轮发摆
	转向柱总成	转向柱上端的止推轴承损坏、转向柱固定松动	转向发摆、轮胎磨损
转向车轮	轮毂轴承	间隙过大或过小	自由行程大、前轮发摆、轮胎异常磨损、行驶跑偏
	轮辋	变形	前轮发摆、行驶跑偏
	轮胎	磨损、平衡	

续上表

部件名称或参数		损伤形式	故障类型
液压助力系统	油泵及压力控制阀	油泵磨损或驱动不良	泵油量及压力下降，转向沉重
		控制阀卡住或调压低	系统压力低，转向沉重
	转向控制阀	磨损	泄漏严重，转向沉重
		阀芯未处在中间位置	转向一边重，一边轻
	工作缸	活塞、缸筒磨损严重	内部泄漏严重，转向沉重
		油封损坏	转向油外漏
	储液罐及管道	储液罐歪斜或储油不足	转向沉重
		软管压瘪或堵塞	
前轮定位参数		失准	转向沉重、低速发摆、自动回正性差、轮胎异常磨损

4.5.4 转向系统的常见故障规律

（1）如果转向轮轮胎出现偏磨，故障一般是车轮前束不准造成的。

（2）正常情况下，轿车转向系统为无间隙传动，若转向盘自由度过大，应检查转向器、转向传动机构及转向轮轴承间隙是否符合要求。

（3）如果转向时感觉沉重且自动回正性较差，故障原因一般包含为：转向机构润滑不良、配合过紧及前轮定位角度失准（前束过大、过小、主销后倾角过小、车轮外倾角过小）。

（4）如果是安装液压助力转向系统的车辆，在行驶中突然转向变得沉重，故障一般是由于转向助力系统漏油或转向助力油泵停止工作。

（5）如果车辆在转弯时，车身倾斜度过大，故障一般是由于横向稳定器与车架、悬架之间的连接有问题。

（6）如果车辆在较差的路面上行驶时转向盘有"打手"现象，故障一般是由于转向减振器损坏。

（7）如果汽车前轮在行驶过程中发摆，应检查转向系统及悬架机构的间隙是否过大、有无运动干涉现象，轮胎是否动平衡。

4.5.5 转向系统的故障现象、可能原因和排除方法（表4-22）

转向系统的故障诊断　　　　　表4-22

故障现象	可能原因	排除方法
转向盘自由行程过大	（1）齿轮与齿条啮合间隙过大	（1）调整
	（2）球铰磨损严重，配合松旷	（2）检查调整
	（3）横拉杆与支架配合松旷	（3）检查调整

续上表

故障现象	可能原因	排除方法
转向沉重	（1）齿轮和齿条啮合间隙过小	（1）检查和调整啮合间隙
	（2）转向轴轴承损坏或预紧力过大	（2）更换或调整轴承
	（3）转向横拉杆弯曲或球头销配合过紧	（3）校正拉杆或更换球头销
	（4）液压泵 V 带松弛	（4）调整 V 带张紧度
	（5）储油罐油面过低	（5）补充液压油至规定高度
	（6）液压泵压力不足	（6）检修液压泵
	（7）限压阀黏结	（7）检修限压阀，必要时更换
	（8）内、外泄漏过大	（8）找出泄漏处，修理或更换零件
	（9）液压系统内有空气	（9）排除空气
转向盘抖动	（1）液压系统缺油或有空气	（1）加足液压油或排除空气
	（2）齿轮和齿条配合间隙过大	（2）调整配合副啮合间隙
	（3）前轮不平衡	（3）换位或检修
	（4）轮胎压力不相等或气压值不符合规定	（4）按规定气压充气
	（5）弹簧弹性不足或断裂	（5）更换弹簧
	（6）减振器损坏	（6）更换减振器
	（7）转向横拉杆接头松动	（7）更换或紧固转向横拉杆
	（8）轮毂轴承松动	（8）紧固或重新调整轮毂轴承松紧度
液压泵有杂音	（1）储油缸油面低	（1）加足液压油
	（2）进油管堵塞	（2）清理或更换
	（3）液压泵内零件磨损严重	（3）更换磨损的零件
	（4）V 带轮摆动	（4）紧固或更换 V 带轮
	（5）液压泵 V 带太松	（5）调整 V 带张紧度

4.5.6 电控转向系统的故障诊断

电控动力转向系统实际上是电子控制电动助力转向，其主要有转矩传感器、车速传感器、电控单元(ECU)、继电器和转向电动机、离合器及机械式转向机构等。产生故障的原因除机械转向机构外，还增加了电控系统各元器件的因素。

表4-23 为电控动力转向系统常见故障现象及主要原因。

电控转向系统常见故障现象及原因　　　　　　表4-23

故障类型	故障现象	本质所在	故障原因
不起作用	转向沉重，故障警告灯亮	电控系统	电控系统有故障，即有故障代码显示
	转向沉重，故障警告灯灭	机械故障	机械转向部分故障，如离合器打滑、转向器啮合过紧、各球头铰接配合或润滑不良、前轮轴承间隙过小、前轮定位等
工作不正常	时重时轻，故障灯时亮时灭	电控系统连接接触不良	电控系统偶发性故障，一般是导线插接器接触不良、传感器磁隙变化等
	低速时转向重，高速时转向轻，故障警告灯亮	电控系统故障，即失去与车速有关的控制作用	电控系统有故障，如传感器信号不准或错误，处理单元(ECU)故障，电磁阀工作不良，电源电压过低等
警告灯异常	电控系统有故障，但故障警告灯不亮	故障指示灯本身故障	警告灯线路短路或断路
	电控系统无故障，但故障警告灯常亮		

4.6 制动系统的故障诊断

一般汽车多采用液压制动系统，为了减轻制动踏板的阻力，几乎所有汽车都采用真空助力系统，为了提高制动效果，保持制动稳定性，绝大多数汽车都安装了 ABS 等制动辅助系统。如果制动系统出现问题，直接影响的就是车辆的安全性，因此汽车制动系统的检测和故障诊断是车辆检测和故障诊断中最关键的地方。

4.6.1 制动系统的结构和工作原理

一般轿车的制动系统采用的是交叉式双管路液压制动系统，如图4-12所示。当四条制动管路上如有两条管路损坏或漏油时仍有两条管路产生50%的制动力，但所需制动踏板行程有所增加；当四条制动管路中有一路发生堵塞时，其他三路仍能正常工作，但容易发生制动跑偏，不过后者的故障远远少于前者的故障。

该制动系统主要由车轮制动器、液压和助力系统、ABS 防抱死制动系统组成。

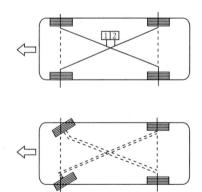

图4-12　交叉式双管路液压制动系统

有的轿车，如桑塔纳"时代超人"采用的前盘后鼓式的车轮制动器，为了提高汽车的制动性能，很多轿车采用了前后均为盘式的车轮制动器，桑塔纳"时代超人"轿车前轮为盘式制动器，桑塔纳"时代超人"轿车后轮为鼓式制动器。

4.6.2 制动系统常见故障现象及其机理（表4-24）

制动系统常见故障现象及其机理   表4-24

类　　型	故障现象	故障机理
制动能力下降（制动不灵）	汽车制动时,感到制动减速度不足;在紧急制动时,制动距离过长	在车轮制动器产生的制动力不足
制动拖滞	抬起制动踏板后,全部或个别车轮制动不能完全解除;车辆加速困难,松开加速踏板后有"搓车"现象	车轮制动器制动力不能解除或解除时间过长
制动跑偏	汽车制动时,车辆行驶方向发生偏斜;紧急制动时,车辆出现掉头或甩尾现象	两侧车轮在紧急制动时,制动距离不等所致
制动异响	车辆在制动时产生非常刺耳的尖叫声(非轮胎与地面的摩擦声)	制动时所产生的异常摩擦
行车制动失灵	踩下制动踏板,车辆不能制动,即使连续几次制动,也无明显减速作用	制动器上不能产生制动力或制动力很小
驻车制动失灵	驻车制动手柄拉不动;在坡道上拉动驻车制动手柄后不能驻车	手制动操纵机构失灵

4.6.3 制动系统主要部件对其工作性能的影响（表4-25）

制动系统主要部件的影响   表4-25

部件或参数名称		损伤形式	故障类型
制动传力机构	踏板自由行程	自由行程过大	制动不灵
		自由行程过小或无自由行程	制动拖滞
	真空助力器	助力器膜片破或漏气	制动踏板硬,且制动不灵,伴随发动机怠速不稳
		助力器空气过滤器堵塞	制动不灵或踏板硬
		助力器真空管路堵塞	制动不灵或踏板硬
	液压制动主缸	皮碗磨损	制动不灵
		皮碗发胀	制动不灵且拖滞
		皮碗装反	制动失灵
		油封破损	制动液泄漏,且危及助力器膜片

续上表

部件或参数名称		损伤形式	故障类型
制动传力机构	液压制动主缸	活塞上的进油孔堵塞	制动拖滞
		活塞复位弹簧软和折断	制动拖滞
		主缸缸筒磨损	制动不灵
		进油道堵塞	制动拖滞
		补偿孔堵塞	制动拖滞
		皮碗与进油孔、补偿孔之间距离不正确	堵住补偿孔,制动拖滞;堵住进油孔,踏板自由行程大,制动不灵
	感载比例阀	活塞不移动	失去控制后轮制动力的作用而出现制动甩尾
		弹簧弹力过弱或掉落	后轮制动不灵
	制动轮缸	鼓式制动器中的轮缸皮碗磨损或发胀	制动液泄漏、制动力下降甚至车轮制动器失灵;皮碗发胀则会出现制动力下降、制动拖滞
		盘式制动器中的密封圈磨损或失去弹性	制动液泄漏、制动拖滞
	制动管道	活塞、缸筒锈蚀	制动不灵或失灵
		破漏、压瘪、堵塞或内径变小	制动失灵或制动不灵
车轮制动器	制动鼓	磨损	制动力下降
	制动盘	端面全跳动超标	制动力下降、制动拖滞
	制动片	磨损	制动力下降、制动异响
	复位弹簧（鼓式）	弹力不足或弹簧过长	制动拖滞
		弹簧折断或脱落	行驶有异响,制动拖滞
	支撑销环（鼓）	未安装到位或脱出	制动不灵,且制动器间隙调整困难
		支撑销环与制动蹄锈蚀	制动拖滞,且制动器间隙调整困难
其他	轮胎气压、花纹	气压过高或花纹磨损过度	制动距离长
		轮胎气压不均	制动跑偏,行驶跑偏
	车架或悬架	车架变形、裂纹或悬架故障	车身倾斜而产生制动跑偏且行驶跑偏
	制动液面、质量	储液罐中的液面过低或无油	制动不灵或制动失灵
		制动液黏稠	制动不灵且拖滞

4.6.4 制动系统的常见故障原因

(1) 如果四轮制动盘(鼓)同时出现拖滞(制动鼓或盘发烫),故障一般在制动主缸上。

(2) 如果四轮制动力均不灵,故障一般在制动主缸和制动管路中。

(3) 如果个别车轮出现拖滞、制动不灵,故障一般在故障轮的车轮制动器上。

(4) 如果在发动机熄火状态下,制动踏板踩着有弹性,说明制动管路中有空气。

(5) 如果在发动机熄火和工作时,踩制动踏板的力一样大,故障在真空助力器、真空管及止回阀上。

(6) 如果在踩住制动踏板时,踏板慢慢下移,故障一般是由于制动主缸、制动管路有泄漏。

(7) 紧急制动时,必须踩两次制动踏板才能产生制动力,这种故障现象一般是由于制动踏板自由行程过大或制动管路堵塞。

(8) 如果慢踩制动时有"点头"现象,故障一般是由于制动管道连接错误或感载比例阀调整不当。

(9) 如果制动时发出刺耳的尖叫声,故障是制动鼓(盘)、制动摩擦片的表面有硬化层。

(10) 如果制动时忽有忽无,节奏感强,故障一般是由于制动鼓(盘)严重失圆(端面全跳动超差)。

(11) 如果制动时有"甩尾"现象,故障一般是由于后轮制动力过大或感载比例阀失效。

4.6.5 制动器常见故障情况、可能原因和排除方法(表4-26)

制动器的故障诊断　　　　　表4-26

故障现象	可能原因	排故方法
制动器拖滞	真空增压器内部卡住	找出真空增压器发卡原因,必要时更换真空增压器
	驻车制动拉索调整不正确或卡住	调整驻车制动拉索,更换卡住的拉索
	后制动器复位弹簧软或损坏	更换后制动器复位弹簧,必要时更换制动蹄
	制动器自动调整器不起作用	检修自动调整器,更换不合格的零件
	制动钳、制动轮缸、制动主缸的活塞卡住	检修制动钳、制动轮缸、主缸,必要时换用新品
	制动主缸回油孔堵塞	用压缩空气吹通回油孔,严禁用铁丝捅塞的孔
	制动摩擦片被制动液或润滑油沾污	找出被沾污的原因,更换全部制动摩擦片
	制动摩擦片松动或不合适	紧固或更换制动摩擦片
	制动钳固定支板螺栓松动	紧固螺栓
	后制动器底板松动	紧固后制动器底板螺栓

续上表

故障现象	可能原因	排故方法
制动时跑偏	一侧制动摩擦片有油污	找出油污原因,更换两侧摩擦片
	一侧制动片弯曲、变形或摩擦片松动	更换两侧制动片
	制动摩擦片与制动鼓或制动盘未磨合	研磨制动摩擦片
	一侧制动钳固定支板松动	紧固松动的螺栓
	制动钳活塞卡住	检修或更换制动钳
	制动摩擦片被水浸湿	在行驶中,连续使用制动器,使水分蒸发
	悬架装置紧固件松动	紧固悬架装置的螺栓
	轮毂轴承磨损或损坏	更换轮毂轴承
	轮胎气压不当	按标准气压给轮胎充气
制动时有噪声	制动摩擦片磨损,制动摩擦片铁直接与制动鼓接触	更换制动摩擦片
	制动摩擦片松动,或复位弹簧折断	更换损坏的零件
	制动底板凸台不平	更换制动底板
	制动盘或制动鼓破裂、磨出沟痕	更换制动盘或制动鼓
	使用不合格的制动摩擦片	更换不合格的制动摩擦片
	制动摩擦片弯曲变形或破碎	更换全部制动摩擦片
	制动盘表面铁锈过多	清洁制动盘上的铁锈
	制动钳上有毛刺或生锈	清洁制动钳上的毛刺或铁锈
制动时发抖	制动鼓或盘划伤或不圆	同时更换左右两侧制动鼓或盘
	制动摩擦片变形、打滑	更换制动摩擦片
	制动摩擦片上有油污	找出被油污的原因,更换制动摩擦片
	轮缸有故障	检修轮缸
	制动盘摩擦片卡住	更换制动摩擦片
	真空增压器有故障	更换真空增压器

4.7 防抱死制动系统(ABS)的故障诊断

4.7.1 ABS 的组成和常见故障部位

现代轿车上配置的防抱死制动系统一般是四通道或三通道控制式,传感器有4个或3个。车速传感器、电控单元和制动压力调节器是电控防抱死制动系统的三大组成部分。

表4-27列举出了ABS主要组成部分的常见损伤形式及表现出的故障类型。

ABS主要部件的损伤形式和故障类型　　　　　　表4-27

部件名称	损伤形式	故障类型
车轮转速传感器	电磁式传感器：感应线圈断路、短路或磁隙过大、导线连接松动或脱落	制动跑偏
	霍尔式传感器：霍尔元件损坏、磁隙过大、无电源电压、导线连接松动或脱落	
ECU	受到系统过电压作用而烧坏	ABS不工作
制动压力调节器	电磁阀或继电器线圈断路、短路、搭铁不良、接触不良	制动抱死、跑偏或制动拖滞
	电磁阀芯发卡或弹簧断	
电源与导线	蓄电池故障、电源线路断路、插接器接触不良、导线破损	ABS不工作或工作不良

4.7.2　ABS常见故障现象及主要原因

ABS的常见故障现象有：制动抱死、制动失灵、制动跑偏、制动踏板异常、未制动时制动压力调节器异常、发动机起动后制动警告灯不亮灯。表4-28为ABS常见故障现象及原因。

ABS常见故障现象及原因　　　　　　表4-28

故障类型	故障现象	本质所在	故障原因
制动抱死	车辆在紧急制动时，四轮抱死，制动距离长，即ABS装置失效	ABS不起作用或不工作	故障警告灯亮，ABS电控系统故障，如传感器、压力调节器、电控单元
			故障警告灯不亮，制动压力调节器机械部分故障
制动不灵	多次连续踩下制动踏板，车辆无明显减速，制动距离长	ABS的作用点与实际情况不符而导致车轮滑移率过低，地面制动力降低	故障警告灯亮，ABS电控系统有故障，如传感器信号错误、压力调节器继电器误动作或ABS电控单元故障等
			故障警告灯不亮，故障在液压系统、机械机构，如止回阀关闭不严、电磁阀卡住、系统内部有泄漏或进空气及车轮制动器故障等
制动跑偏	制动时，两侧车轮的制动距离不等而出现制动时车辆改变原有的行车方向	ABS对两侧车轮制动器的控制质量不一而导致跑偏	故障警告灯亮，ABS电控系统有故障，如车轮传感器信号错误、执行电磁阀误动作、电控单元故障等
			故障警告灯不亮，故障在液压系统、机械机构，如止回阀关闭不严、电磁阀卡住、系统内部有泄漏或进空气、车轮制动器故障等
ABS报警灯异常	无闪烁	故障指示灯本身问题，或线路连接不可靠	警告灯短路、继电器短路、断路、接触不良、电源故障、传感器、ECU、泵电动机工作不良
	点火开关打开3s后还不亮		警告灯线路短路或断路、电磁阀继电器与ECU工作不良

4.7.3 ABS 故障的诊断与检查方法

一、初步检查

（1）检查蓄电池的电压、容量是否在规定范围内，并检查正、负极柱和导线连接是否牢靠。

（2）检查与 ABS 有关的熔断丝、继电器是否完好，插接是否牢靠。

（3）检查驻车制动器是否完全释放。

（4）检查制动主缸液面高度是否达到要求。

（5）检查电控系统各插接器的插接是否松动或接触不良。

（6）检查系统各部的搭铁是否良好。

（7）检查常规制动系统的工作情况。

若通过初步检查不能确定故障位置时，应进行其他诊断和检查。

二、利用故障自诊断系统判断故障

可通过故障警告灯的闪烁频率或故障解码器提取故障代码，查阅维修手册中故障代码的含义，并进行故障排除，最后清除故障代码。

三、ABS 的排气方法

（1）循环型 ABS 的排气。

①关闭点火开关，反复踩踏制动踏板，卸去装置中的压力。

②按照普通液压制动系统的排气方法排除系统中的空气。排气顺序一般为：右后轮→左前轮→右前轮→左后轮。最后拧紧排气螺塞，按规定加注制动液。

排气时，打开点火开关后，使用诊断仪器使油泵运转，松开排气螺塞，直至排除的制动液中没有气泡。

（2）可变容积型 ABS 的排气。

①用专用解码器将压力调节器电动机定位，使止回阀处于打开位置。

②在压力调节器的前轮放气螺塞处接一根透明管，再按照普通液压系统的排气方法进行排气，直至排出的制动液中没有气泡。拧紧放气螺塞，按规定加注制动液。

理 论 测 试

一、填空题

1. 摩擦片式离合器的常见故障有 _____、_____、_____、_____、_____ 等。分析问题时，应考虑到离合器本身、离合器操纵机构、_____、_____ 等方面。

2. 手动变速器的常见故障有＿＿＿＿、＿＿＿＿、＿＿＿＿、＿＿＿＿、＿＿＿＿等。故障原因一般在＿＿＿＿和＿＿＿＿两方面。

3. 行驶系统的常见故障有＿＿＿＿、＿＿＿＿、＿＿＿＿等，减振器失效会使车辆出现＿＿＿＿故障，实质问题是＿＿＿＿产生偏移。

4. 转向系统的常见故障有＿＿＿＿、＿＿＿＿、＿＿＿＿、＿＿＿＿、＿＿＿＿等。转向沉重的原因主要体现在＿＿＿＿、＿＿＿＿、＿＿＿＿三方面。

5. 制动系统的常见故障有＿＿＿＿、＿＿＿＿、＿＿＿＿、＿＿＿＿等。

二 选择题

1. 踩下离合器后，先换挡再起动发动机时，车辆前移的故障现象是＿＿＿＿。
    (A) 同步器损坏　　　　(B) 离合器打滑　　　　(C) 离合器分离不彻底

2. 变速器无法换上任何挡位的故障现象是＿＿＿＿。
    (A) 换挡困难　　　　　(B) 乱挡　　　　　　　(C) 离合器故障

3. 换上挡位后车辆无法前进的原因可能是＿＿＿＿。
    (A) 离合器分离不彻底　(B) 变速器丧失动力传递　(C) 半轴折断

4. 驱动桥在前进、后退、加速、减速、滑行等工况都有异响，故障原因是＿＿＿＿。
    (A) 主减速器齿轮啮合位置调整不当
    (B) 严重缺油
    (C) 正面啮合位置调整不当

5. 车辆两侧车轮的实际滚动半径不等，最先表现的故障现象是＿＿＿＿。
    (A) 行驶跑偏　　　　　(B) 轮胎异常磨损　　　(C) 制动跑偏

6. 车辆在低速行驶时就有严重的摆头现象，原因主要是＿＿＿＿。
    (A) 前轮动不平衡量过大
    (B) 转向系统传动间隙过小
    (C) 前轮后倾角过大

三 判断题

1. 在离合器发出抖动时，同时伴随着打滑现象。（　）
2. 三轴式变速器只能在直接挡位传递动力，而其他挡位无法传力的原因是中间轴第一道常啮合齿轮与轴之间脱离关系。（　）
3. 车辆在直线行驶时正常，而在转弯时却发出异响，原因在于主减速器啮合不正常。（　）
4. 排除液压制动系统中的空气时，一般是先后轮、再前轮。（　）
5. 具有制动间隙自调机构的鼓式车轮制动器，在换用新摩擦片后不用调整间隙。（　）

6. 转向系统出现故障后,应从转向器、转向传动机构、前轮定位、助力机构及车架等部分进行分析、排查。　　　　　　　　　　　　　　　　　　　　（　　）

7. 四轮制动间隙相同,该车肯定不会出现制动跑偏现象。　　　　（　　）

四 问答题

1. 分析离合器打滑故障时,应以哪几个方面为主?如何检验?对于轻微的打滑故障,应使用什么设备检验?

2. 变速器中同步器常见的损伤形式有哪几种?分别叙述不同损伤给变速器带来什么故障现象。

3. 如果驱动桥内严重缺油,哪个部位或哪个零件最先损坏?为什么?更换主减速器齿轮时应遵循什么原则?

4. 试分析具有液压助力转向系统的车辆在转向时,表现出一侧重而另外一侧轻发热的原因。

5. 试分析制动拖滞的原因。

单元5

汽车电气系统故障诊断

◆ 知识目标：

1. 了解汽车空调系统、安全气囊系统、起动系统、充电系统的常见故障现象，理解每种故障产生的原因，掌握正确快速分析的思路和方法；
2. 学会对各种故障的分析总结，把汽车专业基础知识灵活地运用到故障现象的诊断和排除过程中。

◆ 能力目标：

1. 能根据汽车表现出的故障现象，快速锁定故障类型；
2. 能够熟练运用故障检验或实验方法，思路清晰，确定故障部位准确；
3. 对电控装置出现的故障，能区分出故障在电控系统还是在机械、液压或其他部分。

◆ 建议学时：

6 学时

5.1 汽车空调系统故障诊断

现代汽车空调有自动和手动两种控制方法，通过微机自动或人工操作，使车辆内部的温度和湿度保持最理想的状态，如果由于器件损坏或其他原因，必然造成汽车空调系统出现这样或那样的故障，影响乘员的舒适性。

汽车空调系统的常见故障一般分为电气故障、机械故障、制冷剂和冷冻润滑油引起的故障，其表现为系统不制冷、制冷不足或产生异响。

5.1.1 汽车空调系统的常见故障及主要原因（表5-1）

汽车空调系统的常见故障及原因　　　　　　表5-1

故障名称	故障原因
系统不制冷	熔断丝烧断、导线断线或残破、空调压缩机电磁离合器电刷组件故障或磨损、风机电动机损坏、恒温开关损坏、低压控制器损坏、空调压缩机传动带松弛或损坏、空调压缩机吸气（排气）阀板损坏、空调压缩机缸盖或阀板密封垫损坏、空调压缩机损坏、制冷系统管道破损造成制冷剂泄漏，使系统制冷不足或无制冷剂、膨胀阀进口滤网堵塞、膨胀阀损坏、储液干燥器滤网损坏、管路或软管堵塞、吸气压力控制器损坏
系统制冷不足	风机电动机转速低、蓄电池电压过低、离合器打滑、离合器压板与带轮的接合面磨损过量或有油污引起离合器打滑、恒温开关故障、低压控制器故障、吸气压力调节器故障、流过蒸发器（或冷凝器）的气流不畅、储液干燥器滤网部分堵塞、膨胀阀滤网部分堵塞、压缩机进口滤网部分堵塞、膨胀阀感温包松动、系统内有湿气、有空气、系统内制冷剂过多、系统内冷冻机油过多、制冷剂或冷冻机油含水分过多、膨胀阀故障
制冷系统产生异响	导线接头松动引起离合器噪声、离合器线圈或离合器故障、离合器轴承松动或烧坏、传动带松弛、传动带破裂（双带传动）、空调压缩机安装螺钉松动或支架松动、空调压缩机带轮松动、风机电动机损坏、空调压缩机带轮轴承坏、制冷剂过多、系统内冷冻机油过多、系统内冷冻机油不足、系统内湿气过量、压缩机损坏

5.1.2 汽车空调系统的检修工具

检修汽车空调系统时，除了使用各类扳手、螺丝刀、钳子、万用表、电烙铁、手电筒等常用工具外，还必须具备一套专用的检修工具和设备，用于对制冷系统进行检测和维修作业，主要有空调系统压力表组、真空泵、制冷剂漏气检测仪等工具与设备。

一、空调系统压力表组

空调系统压力表组也称压力表组，它由两个压力表（低压表和高压表）、两个手动阀（低压手动阀和高压手动阀）、三个软管接头（一个接低压工作阀，一个接高压工作阀，一个接制冷剂罐或真空泵吸入口）和歧管座组成，如图5-1所示。

空调系统压力表组用胶皮软管与汽车空调系统连接，在胶皮软管末端接头上带有顶销，用于顶开压缩机上的气门阀。胶皮软管有多种颜色，按规定，蓝色软管用于低压侧，红色软管用于高压侧，绿色、白色或黄色软管用于连接空调系统压力表组上的中间接口，胶皮软管应耐油、耐压。

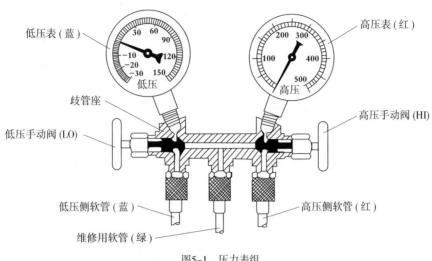

图5-1 压力表组

空调系统压力表组主要用于对空调系统抽真空、充入或放出制冷剂以及判定空调系统故障等。

空调系统压力表组的阀门状态及其作用如表5-2所示。

空调系统压力表组的阀门状态及作用　　　　　　　表5-2

空调系统压力表组的阀门状态		空调系统压力表组的作用
低压手动阀(LO)	开启	此时低压侧软管与维修用软管相连,可以从低压侧向制冷系统充注气态制冷剂
高压手动阀(HI)	关闭	
低压手动阀(LO)	关闭	此时高压侧软管与维修用软管相连,可使系统放空并排出制冷剂,也可以从高压侧向制冷系统充注液态制冷剂
高压手动阀(HI)	开启	
低压手动阀(LO)	关闭	此时高压侧软管和低压侧软管均与维修用软管断开,可用于检测高压侧和低压侧的压力
高压手动阀(HI)	关闭	
低压手动阀(LO)	开启	此时压力表组内部通道全部相通。如果接上真空泵,就可以对整个空调系统进行抽真空作业。压力表上所标出的压力一般为表压力,为了抽真空时应用方便,压力表上还标有真空刻度
高压手动阀(HI)	开启	

通常,空调系统压力表组上的三个接头都已分别与注入软管接好。当制冷系统管路内有制冷剂时,可按如下步骤把空调系统压力表组与空调制冷系统检修阀连接起来。

第一步:拧下空调高低压管路上高低压检修阀上的螺母,注意动作要缓慢,以防制冷剂漏出伤人。

第二步:关闭空调系统压力表组上的两个手动阀。

第三步:把空调系统压力表组上的低压软管连接到低压侧检修阀上,高压软管连接到高压检修阀上,中间软管的另一端用布包好后放在一块干净的布片上。各软管接头只能用手拧(按)紧,不能使用任何加力工具。

第四步：把空调系统压力表组上的低压手动阀稍微打开几秒，其目的是利用系统内的制冷剂将低压软管内的空气排出，然后将其关闭，再用同样的方法排出高压软管内的空气。这样，空调系统压力表组便与空调制冷系统连接起来了，如图5-2所示。

当要卸下空调系统压力表组时，应先将检修阀调到"后位"，然后卸下注入软管并将其与备用接头连接起来，以免软管内部受到污染。

二、检漏仪

检漏仪可用于对空调制冷系统连接管路泄漏部位进行检测，常用的检漏仪有卤素检漏灯和电子卤素检漏仪两种类型。

① 卤素检漏灯

R-12制冷剂的化学名称叫二氟二氯甲烷，由于它含有氟氯两种元素，所以当它遇火焰时会发生分解，分解出氟、氯元素，与铜化合生成卤素铜的化合物，使火焰呈现出特有的绿紫色，卤素检漏灯就是根据这种原理制成的。

卤素检漏灯可分为酒精、乙炔、丙烷以及石油气等不同类型。图5-3所示为丙烷气体检漏灯，使用时在气瓶内充入丙烷气，打开调节手轮，在点火孔处点着检漏灯，旋动调节手柄，使火焰伸出铜环约5mm，保持检漏灯直立，待铜环烧红后，手拿吸入管使其端头对准各检测部位仔细检查，从火焰颜色的变化就可以判断出漏气量的多少，漏气量与火焰颜色的关系见表5-3。

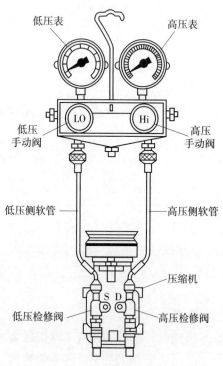

图5-2 歧管压力计与制冷系统的连接方法

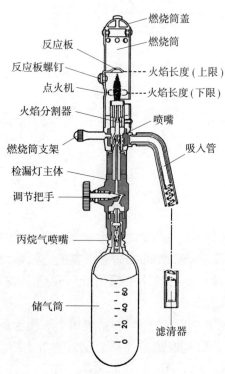

图5-3 卤素检漏灯的结构

漏气量与火焰颜色的关系 表5-3

漏 气 量	火 焰 颜 色	漏 气 量	火 焰 颜 色
无漏气	火焰为橙红色	漏气量较多	火焰为浅蓝色
微量漏气	火焰为浅绿色	漏气量很多	火焰为紫色

使用卤素检漏灯检漏时,必须在通风良好的地方进行,并注意不要吸入来自火焰的蒸汽,以防人体吸入有毒气体。

❷ 电子卤素检漏仪

电子卤素检漏仪是根据卤素原子在一定的电场中极易发生电离而产生电流的原理制成的。电子卤素检漏仪的工作原理如图5-4所示,有一对电极,加热由白金做的阳极,并在它附近放一个带有负电的阴极,这对电极放在空气中时,由于空气的电离度很低,检测电路不通,电流表没有电流指示。当有制冷剂气体流经阳极与阴极之间时,在铱合金催化下迅速电离,电路中有电流通过,制冷剂浓度越大,电离越大,电路的电流也越大。这些可以通过串联在回路中的电流表反映出来,也可以由蜂鸣器的声音大小反映出来。由此检测出制冷剂气体的浓度,达到检漏的目的。

电子卤素检漏仪的外形如图5-5所示,电子卤素检漏仪使用十分简单,使用时只需将电源开关打开,经短时预热后将探头伸入需要检测的部位即可,通过声音或仪表指针便可方便地判断出泄漏量多少。与前述卤素检漏灯相比,检测灵敏度大大提高,它可检测出年泄漏量为5g的泄漏部位,并且使用方便、安全,唯一不足之处是其价格相对较高。

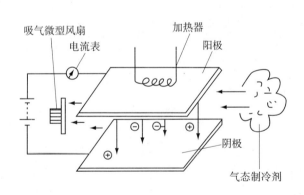

图5-4 电子卤素检漏仪的工作原理

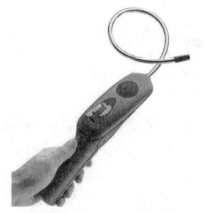

图5-5 电子卤素检漏仪的外形

三、真空泵

真空泵是汽车空调制冷系统安装、维修后抽真空不可缺少的设备,以清除系统内的空气和水分等有害物质。常用的真空泵,用油做密封的有滑阀式和刮片式两种,用水做密封的有水环式,用油做密封的真空泵真空度较高。当转子旋转时,一方面把进气口附近的容积定期有规律地逐渐扩大而吸入气体;另一方面又逐渐缩小排气口附近的容积,将吸入的气体压出排气阀,从而达到抽真空的目的。

5.1.3 汽车空调制冷系统的检修方法

汽车空调制冷系统检修的基本操作主要包括制冷系统制冷剂量的检查、制冷系统工作压力的检测和制冷系统的检漏、从制冷系统内放出制冷剂、抽真空、加注和补充制冷剂、加注和补充冷冻油等。

一、制冷剂量的检查

起动发动机,将发动机转速稳定在1500~2000r/min,把空调功能键置于最大制冷状态,风机(包括冷凝器和蒸发器风机)置于最高转速,开动空调系统5min后通过液视镜进行观察。观察的现象、结论和处理方法见表5-4。

通过视液镜观察制冷剂量　　　　　　　　　　　表5-4

现　象	结　论	排除方法
液视镜下一片清晰,送风口有冷气吹出。在发动机转速提高或降低时,可能有少量气泡出现,关闭空调后随即起泡,然后渐渐消失(约45s内消失)	制冷剂量合适	
液视镜下有少量气泡出现,或者每隔1~2s就可看到气泡	制冷剂量不足	检漏,并补充制冷剂至适量
液视镜下一片清晰,并有冷气输出。关闭空调后15s内不起泡	制冷剂量过多	释放多余制冷剂
液视镜下看到很多泡沫或者气泡消失,液视镜内呈油雾状或出现机油条纹	制冷剂严重不足或根本无制冷剂	检漏,修理泄漏部位,重新充灌制冷剂至适量
液视镜下出现云堆状景象	干燥剂已分散,并随制冷剂流动	更换干燥剂

二、制冷系统工作压力的检测

要了解汽车空调制冷系统工作循环进行的情况,必须测量制冷系统工作时高压侧和低压侧的压力,制冷系统工作压力的检测方法如下:

(1)将空调系统压力表组正确连接到制冷系统相应的检修阀上,如果是手动检修阀,应使阀处于"中位",同时连接好发动机转速表。

(2)关闭空调系统压力表组上的两个手动截止阀。

(3)用手拧松空调系统压力表组上高、低压注入软管的连接螺母,让系统内的制冷剂将高、低压注入软管内的空气排出,然后再将连接螺母拧紧。

(4)起动发动机并使发动机转速保持在1000~1500r/min,然后打开空调开关和鼓风机开关,设置到空调最大制冷状态,鼓风机高速运转,温度调节在最冷状态。

(5)关闭车门、车窗和舱盖,发动机预热。

（6）把温度计插进中间出风口并观察空气温度，在外界温度为27℃时，运行5min后出风口温度应接近于7℃（此温度数值根据不同车型会有所变化）。

（7）观察高低侧压力，蒸发器的吸气压力应为147~196kPa，压缩机的排气压力应为1425~1471kPa。应当注意，外界高温高湿将会造成空调系统高温高压的现象。如果离合器工作，在离合器分离之前，将压力数值记录下来。

（8）如果压力异常，见表5-5。

制冷系统的压力异常原因及检修方法　　　　　　　表5-5

故障现象	故障原因	排除方法
低压侧压力低，高压侧压力高	（1）膨胀阀损坏	（1）更换膨胀阀
	（2）制冷剂软管堵塞	（2）检查软管有无死弯，必要时更换
	（3）储液干燥器堵塞	（3）更换储液干燥器
	（4）冷凝器堵塞	（4）更换冷凝器
高、低压侧压力正常但制冷量不足	（1）系统中有空气	（1）抽真空、检漏并充灌系统
	（2）系统中油过量	（2）排放并抽油，恢复正常油位，抽真空、检漏并充灌系统
低压侧压力低，高压侧压力低	（1）系统制冷剂不足	（1）抽真空、检漏并充灌系统
	（2）膨胀阀堵塞	（2）更换膨胀阀
低压侧压力高，高压侧压力低	（1）压缩机内部磨损泄漏	（1）拆下压缩机缸盖，检查压缩机，必要时更换阀板总成。如果压缩机堵塞或缸体磨损或损伤，更换压缩机
	（2）缸盖密封垫泄漏	（2）更换缸盖密封垫
	（3）压缩机皮带打滑	（3）调整皮带张力
低压侧压力高，高压侧压力高	（1）冷凝器翅片堵塞	（1）清扫冷凝器翅片
	（2）系统中有空气	（2）抽真空、检漏并充灌系统
	（3）膨胀阀损坏	（3）更换膨胀阀
	（4）风扇皮带松或磨损	（4）调整或更换皮带
	（5）制冷剂充灌过量	（5）释放一些制冷剂

三、制冷系统的检漏

由于汽车空调制冷系统各部件及管路均采用可拆式连接，压缩机也是开式结构，而制冷剂的渗透能力很强，因此，制冷系统的泄漏是不可避免的。据统计，汽车空调不制冷或制冷不足故障中，70%~80%以上都是由系统泄漏所造成的。因此，制冷系统的检漏作业在汽车空调维修作业中是十分重要的一个环节。目前，常用的数种检漏方法介绍如下。

❶ 检漏仪器检漏

检漏仪器检漏是汽车空调检漏作业中最常用、最主要的检漏手段，即用卤素检漏灯或电子卤素检漏仪对制冷系统各部件或连接管路进行检漏。采用检漏仪检漏的前提是制冷系统管路内必须有一定的压力（100~300kPa以上）的制冷剂，因此，在进行检漏作业之前，应适当加入一定量的制冷剂（对轿车空调而言，在抽真空作业进行完成后，从高压侧注入200g左右的液态制冷剂即可），或不放出系统内原有的制冷剂以备检漏之用。

需要重点检漏的部位主要有如下方面。

（1）拆修过的制冷系统部件及各连接部位。

（2）压缩机轴封、前后端盖密封垫、检修阀和过热保护器。

（3）冷凝器散热片及制冷剂进出连接管口。

（4）制冷系统各管路及连接部位。

通常，对制冷系统高压侧部件及管路的检漏，应在运行过程中或压缩机刚刚停止运转时立即进行，这时，系统压力较高，较小的泄漏点容易暴露。对压缩机轴封的检漏也最好在压缩机运行时进行。而对低压侧管路的检漏，应在压缩机停止运行时进行，这时低压侧压力相对较高。对于蒸发器、膨胀阀及其连接管路的检漏，由于其安装相对比较隐蔽，检漏仪探头较难直接触及，因而无法对其直接检漏，可使风机在低速下运行，将检漏仪探头直接伸入出风口内或在蒸发器总成附近进行间接检漏。等发现有泄漏时，再拆下蒸发器总成对其进行单独试漏。

❷ 肥皂泡沫法试漏

当没有检漏设备时，可利用肥皂水对可能产生泄漏的部位进行直接检查，其方法是通过空调系统压力表组给制冷系统内充入800~1200kPa的干燥氮气，然后把肥皂水或其他起泡剂涂在需要检查的部位，如各连接头、焊缝等，如发现有排气声或吹出肥皂泡，则说明该处有泄漏。如没有氮气瓶，也可充入一定压力的制冷剂进行检漏，但这将造成制冷剂的浪费。这种方法简单、实用、安全，尤其适用于检漏灯不易接近的部位，但灵敏度较差，操作完毕后需要清理。

❸ 油迹法

制冷剂与冷冻油能互溶，如因密封不良而使制冷剂泄漏时，也会带出少量的冷冻油，泄漏处便会形成油斑，时间一长又黏上尘土便形成油泥。根据这种现象也能找到泄漏部位，不过只有在泄漏量较大时，这种效果才明显。

❹ 着色法

将某种颜色的染料加入制冷系统中并随制冷剂一起在管路中循环流动，当系统管路或部件发生泄漏时，加入的染料也随之渗漏出来并黏在泄漏部位使之变色，通过观察制冷系统管路和部件的颜色，就能很容易地发现泄漏部位。

❺ 真空保压法

在抽真空作业完成之后，不要急于加注制冷剂，而是保持系统真空状态一定的时间

(一般数十分钟至数小时)后,观察空调系统压力表组上的低压表真空度是否发生变化。如真空指示没有变化,则说明系统无泄漏;如真空指示回升,则说明系统有泄漏。这种方法只能判断系统有无泄漏,而无法具体指示泄漏部位,因此,只适用于加注制冷剂前的初步检漏。

四、从制冷系统内放出制冷剂

在检修和更换压缩机、冷凝器、储液干燥器等制冷系统各部件时,如系统内还有制冷剂,必须首先将系统内的制冷剂完全放出后才能进行相应的检修作业。从制冷系统中放出制冷剂的步骤如下。

(1)将空调系统压力表组正确连接到制冷系统相应的检修阀上,如果是手动检修阀应使阀处于"中位"。

(2)将中间注入软管出口端放在干净的软布上。如果空调能够开动,则让其在最大冷却位置使空调运转10~15min。

(3)缓慢将空调系统压力表组上的低压手动阀拧开,让制冷剂从中间注入软管中流出。

(4)观察布片上是否有油迹,如有则说明释放速度太快,应关小阀门开度,如果发现带出的压缩机冷冻油较多,则应把中间软管放进量杯中,测量出被带出的油量,以便再加注同体积的冷冻油。

(5)当两个压力表指针均指向零位时,说明制冷剂已经放空,这时可卸下空调系统压力表组,把各接口重新盖好,避免灰尘污染制冷系统。

五、制冷剂充注程序

对于新安装的汽车空调制冷系统,因修理或更换制冷系统零部件而放空后的制冷系统,在完成安装或维修作业后,要重新充注制冷剂。制冷剂充注的一般程序如图5-6所示。

从上述制冷剂充注程序可看出,制冷剂的充注,包括抽真空作业、检漏作业、从高压侧充注液态制冷剂、从低压侧充注气态制冷剂和检查制冷剂量五项基本作业。

❶ 抽真空作业

汽车空调制冷系统修理之后,由于接触了空气,必须用真空泵抽真空,排除制冷系统内的水分和空气,以维护空调制冷系统的正常工作,抽真空并不能直接把水分抽出制冷系统,而是产生真空后降低了水的沸点,水以蒸汽的形式被抽出制冷系统。

抽真空的步骤如下。

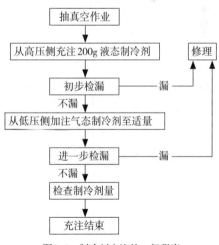

图5-6 制冷剂充注的一般程序

（1）将制冷系统、空调系统压力表组以及真空泵按图5-7所示连接好，压缩机高、低压检修阀处于微开位置，空调系统压力表组上的高、低压手动阀处于闭合状态，拆除真空泵吸、排气口护盖，空调系统压力表组上的中间软管和真空泵进口相连接。

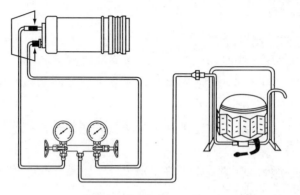

图5-7 抽真空作业连接图

（2）打开空调系统压力表组的高低压手动阀，起动真空泵，观察低压表指针，应有真空显示。

（3）操作5min后，低压表应达到33.6kPa（绝对压力），高压表指针应略低于零的刻度。如果高压表指针不能低于零的刻度，表明系统内有堵塞，应停止并清理好故障，再抽真空。

（4）真空泵工作15min后，观察压力表。如果系统无泄漏，低压值应达到80~93kPa的绝对压力。

（5）如果达不到此数值，应关闭低压侧手动阀，观察低压表指针。如果指针上升，说明真空有损失，要查泄漏部位，进行检修后才能继续抽真空，这一步也就是真空试漏法。

（6）抽真空总的时间不少于30min，然后关闭低压手动阀，即可向系统中充注制冷剂。

❷ 从高压侧注入液态制冷剂

液态制冷剂可以从制冷系统高压侧维修阀注入，其加注方法如下。

（1）抽真空作业完成后，将中间注入软管从真空泵上卸下，改接到制冷剂注入阀接口上，装好制冷剂罐并用注入阀打开制冷剂罐，然后将与空调系统压力表组相连接的中间软管接头稍微松开一些，直至听到"嘶嘶"声后再拧紧，以排出中间注入软管内的空气。

（2）打开空调系统压力表组高压侧手动阀，制冷剂便经高压侧注入软管进入系统高压侧，这时观察低压表指针是否随高压表指针一起升高，若低压表指针不回升或回升很慢，说明系统内部有堵塞处，应停止充注并进行检修；若低压表指针随高压表一起正常回升，可将制冷剂罐倒立，使制冷剂呈液态进入系统。

注入规定量的制冷剂后，关闭高压侧手动阀和注入阀后，即可进行检漏或试运行。图5-8所示为从高压侧充注液态制冷剂示意图。

注意： 采用这种方式充注制冷剂时，不允许打开空调系统压力表组上的低压手动阀，也决不允许运转压缩机，否则，有可能造成制冷剂罐爆裂。

❸ 从低压侧注入气态制冷剂

气态制冷剂一般从制冷系统低压侧检修阀注入,用于初步检漏后充足制冷剂量或给系统内补充制冷剂,其加注方法如下。

(1)将空调系统压力表组连接于制冷系统检修阀上,中间注入软管与制冷剂注入阀和制冷剂罐连接好,若是补充制冷剂,需排出三根注入软管内的空气,方法是打开空调系统压力表组上高、低压手动阀并拧松与注入阀连接的中间注入软管的连接螺母数秒,由系统内的制冷剂排出三根注入软管内的空气,然后关闭空调系统压力表组上的高、低压手动阀。

(2)起动发动机并使之保持在1500~2000r/min转速下运转,接通空调电源开关使压缩机工作,鼓风机以高速旋转,温度调节推杆或旋钮调至最大冷却位置。

(3)用注入阀打开制冷剂罐并保持罐体直立,缓慢打开空调系统压力表组低压手动阀,气态制冷剂便由制冷剂罐经注入软管、低压侧检修阀被压缩机吸入制冷系统低压侧,如图5-9所示。同时调节低压侧手动阀开度,使低压表读数不超过420kPa。为加快充注速度,可将制冷剂罐直立放在温度为40℃左右的温水中,以保证制冷剂罐内的液态制冷剂具有一定的蒸发速度。

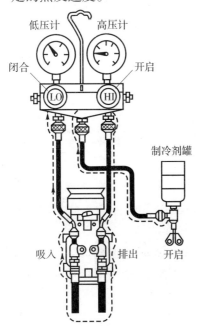
图5-8 从高压侧注入液态制冷剂

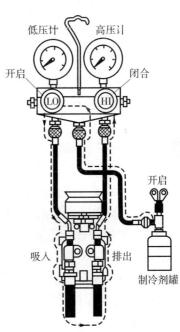
图5-9 从低压侧注入气态制冷剂

(4)若使用的是小容量罐,在加注一罐后仍需加注时,可关闭空调系统压力表组上的低压侧手动阀,从空罐上卸下注入阀,把它装到待用的制冷剂罐上,排出中间注入软管内的空气后,再继续加注到适量为止。

(5)充注完毕后,关闭空调系统压力表组低压侧手动阀,关闭注入阀,关闭空调电源开关和鼓风机开关,让发动机熄火,卸下空调系统压力表组即可。

❹ 冷冻油的加注

在一般情况下，汽车空调制冷系统冷冻油的消耗量很少，可以每两年更换一次，每次加入规定的数量（表5-6）。添加时，一定要保证是同一牌号的冷冻油，因为不同牌号的冷冻油会生成沉淀物。

更换主要部件时的冷冻油补充量　　　　　　　　　　　　　　　表5-6

更换的零部件		冷冻油的补充量(mL)
冷凝器	无渗漏油迹	10~30
	有大量渗漏油迹	40~60
蒸发器		40~50
储液干燥器		10~20
制冷管道	无渗漏油迹	不加油
	有大量渗漏油迹	10~20
系统漏气	无渗漏油迹	不加油
	有大量渗漏油迹	10~20

制冷系统如果制冷剂泄漏速度很慢，对冷冻油泄漏影响不大。制冷剂如果泄漏速度很快，冷冻油也会随之很快泄漏。

如果压缩机内冷冻油量过少，压缩机会过热，甚至发生卡缸现象。系统内冷冻油过多，膨胀阀、蒸发器会发生故障，因此，压缩机内必须保持正常的存油量。

1) 压缩机冷冻油量的检查

压缩机冷冻油量的检查一般有两种方法。

（1）观察液视镜。通过压缩机上安装的液视镜，可观察压缩机油量。如压缩机冷冻油油面达到液视镜高度的80%位置，一般认为是合适的。如果油面在此界限之上，应引出多余的冷冻油；如果油面在此界限之下，则应添加冷冻油。

（2）观察量油尺。未装液视镜的压缩机，可用油尺检查其油量。这种压缩机有的只有一个油塞，油塞下面有的装有油尺。有的油塞没有油尺，需另外用专用油尺插入检查，观察油面的位置是否在规定的上、下限之间。

2) 添加冷冻油

添加冷冻油可用以下两种方法。

（1）直接加入法。将冷冻油按标准称好或用洁净的量杯量好，直接倒入压缩机内，这种方法只在更换蒸发器、冷凝器和储液干燥器时可以采用。

（2）真空吸入法。真空吸入法是先将系统抽真空到98kPa（绝对压力），用带有刻度的量杯准备比需要补充量还要多一些的冷冻油，然后开始加冷冻油，如图5-10所示。表5-6为更换部件时的冷冻油补充量。

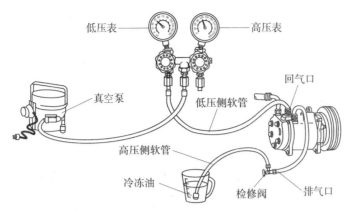

图5-10 添加冷冻油

操作程序如下：

①关闭高压侧手动阀。

②关闭压缩机上的检修阀。

③把高压侧软管从空调系统压力表组上卸下，插到冷冻油的杯里。

④打开检修阀，把冷冻油从油杯吸入系统。

⑤吸油快完毕时，要注意立即关闭检修阀，以免吸入空气。

⑥把高压侧软管接头拧在空调系统压力表组上，打开高压侧手动阀，开动真空泵，先为高压侧软管抽真空。然后再打开检修阀，为系统抽真空，先抽到压力为98kPa，再加抽2kPa，以便排除随油进入系统里的空气。此时，冷冻油在高压侧，系统运转后，冷冻油就返回压缩机。

5.2 汽车安全气囊系统故障诊断

安全气囊是汽车前部、侧部配置的一种被动安全系统。车辆上的转向系、制动系均属于主动安全系统。现代轿车上基本上都配有安全气囊(SRS)。安全气囊的基本工作过程是：当车辆前面或侧面受到剧烈碰撞，其制动减速度达到设定值时，碰撞传感器向安全气囊电控单元输入信号，安全气囊电控模块快速处理后向执行器中的点火爆破装置输入点火信号，执行器很快点火、爆破，产生的大量气体使气囊迅速胀起以保护驾驶人或乘员，减轻因剧烈碰撞对人员的伤害，气囊也在碰撞过程中排气，防止人员碰撞气囊后反弹。

安全气囊的故障一般只能在静止情况下，通过故障警告灯和仪器判断是否有故障及故障部位，不可能进行试验(除非做报废性试验)，最终的检验结果只能在车辆发生碰撞后才能知道。

进行故障检修时，首先应查明故障是在传感器、执行机构、线束上，还是在插接器上，然后根据具体部位进行故障修理。在维修好故障零件后，装回分解的零件。维修工作必须在点火开关转至"LOCK"位置及蓄电池负极拆去至少20s后才能进行。如果不按正确步骤进行，系统可能发生故障且有可能在维修过程中气囊突然打开。所以应该仔细阅读注意事项，用正确方法按正确步骤进行修理。

5.2.1 利用故障警告灯判断系统的运行

当打开点火开关后,气囊警告灯亮5~10s后,警告灯熄灭,表示系统工作正常。根据车型的不同,警告灯闪亮时间稍有不同。如果警告灯一直亮着,表明气囊系统存在故障,这时就需将车送至特约维修厂进行检查修理。

5.2.2 解除SRS工作

为了安全地对SRS系统进行检查和进行必要的电压、电阻等测试,必须对安全气囊进行解除处理,即解除处于工作状态下的安全气囊。

SRS一般的解除工作步骤如下。

（1）摘下蓄电池负极电缆。

（2）等待约90s,待SRS电脑中的电容器(第2电源)放电完毕。

（3）摘下驾驶人侧气囊组件插接器,如果引线线路接头内安装有短路片或短路棒,即可进行下面步骤;如果没有,必须用跨接线短接接头线端。

（4）摘下乘客侧气囊插接器,按上述"（3）"方法进行短接。

（5）重新接上蓄电池负极电缆。

5.2.3 检查与参数测试

❶ 检查

检查传感器外壳、托架有无变形、裂纹及安装松动等缺陷;检查SRS控制模块线路连接、传感器连接及连接检查机构、过电检测机构是否可靠;检查各线路插接器和安全带收紧机构及双锁式插接器是否有损坏等。

❷ 测试

测试碰撞传感器的电阻、电压值及时钟弹簧电阻值;测试SRS控制模块输入、输出电压值;测试各线路是否断路、短路等。

5.2.4 检查SRS工况

维修好的SRS,应进行如下检测:接通点火开关,SRS警示灯应亮约6s后熄灭,这表示SRS故障排除,工作正常,否则应重新检修。

5.3 汽车发动机起动系统故障诊断

一般情况下,起动系统除电源外,主要由起动机、起动继电器和点火起动开关等组成。上海大众PASSAT B5车型采用的是电磁式直流电动机,起动系统仅由起动机和点火起动开关两大部分组成。如图5-11所示为上海大众PASSAT B5车型起动系统的线路图解。

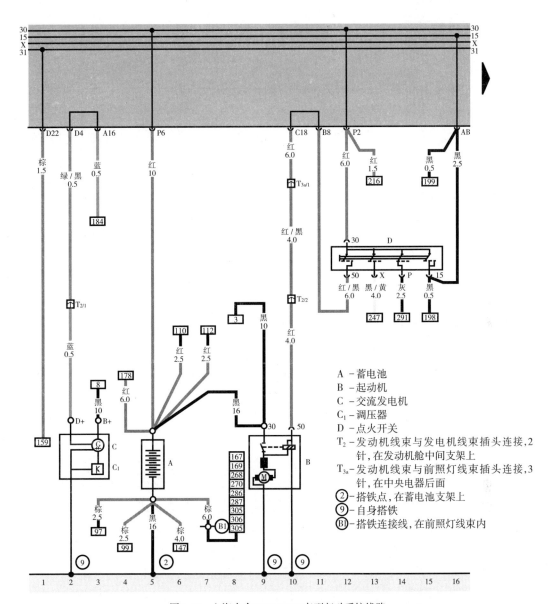

图5-11 上海大众PASSAT B5车型起动系统线路

上海大众PASSAT B5车型采用的QD1225型和QD1229型起动机的技术参数如表5-7所示。

QD1225、QD1229型起动机技术参数　　　　　表5-7

型　号	QD1225、QD1229	最大输出转矩(N·m)	≥13
额定电压(V)	12	驱动齿轮齿数(个)	9
额定功率(kW)	0.95	压力角(°)	12
制动电流(A)	≤480	驱动齿轮模数	2.117
起动电流(A)	110	质量(kg)	4.7

对起动系统的正确检测可以避免对蓄电池、起动机、电缆等进行不必要的更换，减少车辆的维修成本。使用发动机综合分析仪或汽车专用示波器提供的专用测试程序，可以对任何车辆的起动系统中的起动机、蓄电池、电缆、连接器件和发动机等进行有效的诊断。

起动系统常见的故障有起动机不能转动、起动机转得太慢不能起动发动机两种。这两种情况都与蓄电池及其供电电路有很大关系，所以对起动系统的测试应分三步进行，即首先检查起动电路是否异常，然后检查蓄电池的供电能力是否充足，最后检查起动机本身。

5.3.1 起动机电路的测试

目视检查所有起动机和蓄电池的接口、电缆和端子是否正常，如果有明显的锈蚀、松脱和断裂，则应检修以排除故障。

5.3.2 蓄电池的测试

对于蓄电池的测试可以使用两种办法，即无负荷测试和带负荷测试。

❶ 利用无负荷测试法测试蓄电池的性能

测试时，先将前照灯打开3min，以去除蓄电池的浮电，获得真实的测试结果，然后用万用表测试蓄电池正、负电极之间的电压。

表5-8所展现的就是蓄电池电压与电容量之间的关系，在相同容量的情况下，蓄电池的端子电压与温度有很大关系，随着温度下降，蓄电池的电压会稍微下降。

蓄电池电压与电容量的关系　　　　　表5-8

电压（V）	12.60	12.40	12.20	12.00	11.80
电容量（%）	100	75	50	25	0

利用这种测试方法可以初步测试出蓄电池的性能，即如果蓄电池电压偏低，说明蓄电池肯定是容量不足或损坏，而如果蓄电池电压负荷要求，则还需要对蓄电池进行带负荷测试。

❷ 利用带负荷测试法测试蓄电池的性能

对蓄电池进行加载可以使用两种方法，第一种方法是利用专用放电叉对蓄电池进行加载测试；第二种方法是利用起动机对蓄电池进行加载测试；本书主要讲解第一种方法，即利用高频放电叉检测蓄电池正、负极之间的端电压，当负载电流为110A时，最小电压在5~10s内不得低于9.6V，否则表明蓄电池已放电或损坏，如图5-12所示。

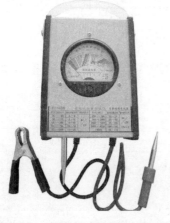

图5-12　利用放电叉测试蓄电池的性能

5.3.3 起动电流和起动电压的测试

这种测试程序测试的是蓄电池在加载条件下保持可

接受电压水平的能力和流经起动机的电流量。这是一种很好的测试程序，因为它能检测出蓄电池在保持一定供电电压的前提下，提供起动电流的能力。有些蓄电池在静态时能提供足够高的电压，但当起动发动机时，其电压下降值会超出许可范围，导致发动机不能起动。起动机的电流量和蓄电池的起动电压将可以确定出是哪个元件或插接器出现故障。

利用汽车专用示波器测试时，可以按照下列步骤进行。

（1）选择 ELECTRIC–STARTER–VOLT/AMP（电器 – 起动机 – 电压 / 电流），然后按 SELECT 功能键。

（2）把示波器的 COM 插口连接到蓄电池负极接线柱上。

（3）把示波器的 CH1 探针连接到蓄电池的正极接线柱上。

（4）把示波器的大电流检测探针接到示波器的 CH2 通道中，并将其卡到起动机的电缆上。

（5）选择电压 12V 或 24V，然后选择安培探针设置：即正常、1mV=1A，10mV= 1A，100mV=1A，或 1V=1A。

（6）按 SELECT 功能键。

（7）把电流探针调整到零，而后开始进行测试。

为防止发动机在测试过程中起动，应通过中断点火汽油泵的电压供给来解除发动机的起动性能，用起动机带动发动机运转 10~12s；在起动过程中按下"Hold"（锁止）键，使屏幕上的波形保持稳定，读取示波器屏幕上显示的平均起动电压和平均起动电流，并与厂家的技术参数进行比较，如图 5-13 所示，为利用示波器测试起动电流和起动电压的屏幕显示。

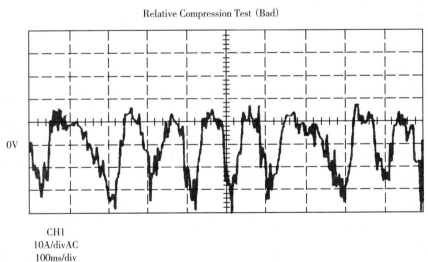

图5-13　利用示波器测试起动电流和起动电压

在发动机开始起动时，蓄电池电压的下降值一般略大于 2V，但在整个测试过程中蓄电池的电压应保持稳定，但有故障的蓄电池在整个测试过程中电压会下降很多。表5-9中的数字简单介绍了在蓄电池与机械元件电阻正常的情况下，蓄电池应该提供的最低起动电压。

正常情况下蓄电池应该提供的最低起动电压　　　　　　　　　　　表5-9

温度(℃/℉)	21/70	15.6/60	10/50	4.44/40	-1.1/30	-6.67/20
最低电压值(V)	9.60	9.50	9.40	9.30	9.10	8.90

如果起动机旋转较慢，那起动电流将会增加；如果起动过程中蓄电池电压一直保持在11V以上，那表明起动机不能获得足够的电流而使电压难以下降，这通常由于起动机电路电阻过大，此时，应首先测试起动机的正、负极的电压降，如果正常，那表明起动机可能损坏。

正常的起动电流在125~275A之间，热态起动机比冷态起动机通过的电流更大，这点可参考制造厂家的技术参数。

如果起动电流过大，可能的原因为：发动机的运行阻力过大。

如果起动电流过小，可能的原因包括：蓄电池的电容量不足、蓄电池接线柱和起动机之间的导线电阻过大、起动机驱动齿轮和发动机飞轮之间未能啮合、发动机汽缸的缸压不足、发动机各运动件之间的间隙过大。

5.4 汽车发动机充电系统故障诊断

现代汽车上多采用交流发电机代替直流发电机，这主要由于交流发电机在发动机转速较低时也能发出较高的电压，同时它的结构紧凑且质量小。这种发电机特指带二极管整流器的交流发电机。其中的二极管整流器是将交流信号转换成脉动式直流信号，发电机一方面向蓄电池充电，另一方面向车载电器供电。当发动机转速提高的时候，发电机的输出电压也会增加。

上海大众PASSAT B5车型系统发电机技术指标见表5-10。

上海大众PASSAT B5车型交流发电机技术指标　　　　　　　　　表5-10

发电机型号	JFZ1913Z、JFZ1813Z	工作环境温度	-40~0℃
额定电压(V)	14	调节器形式	集成电路式
额定电流(A)	90	调节器电压(V)	13.5~14.5
额定输出功率(W)	1200	零电流转速(r/min)	≤1050
开始充电转速(r/min)	≤1900	常用工作转速(r/min)	6000
最高工作转速(r/min)	15000	新电刷高度(mm)	10
电刷极限高度(mm)	5	磁场绕线电阻(Ω)	2.8
搭铁形式	外壳搭铁	比功率(W/kg)	223

如果发动机充电系统不能正常工作，轻则造成蓄电池电池容量不足，车辆停止运行；重则由于异常充电电压损坏车辆，因此应对发动机充电系统进行正确地测试和诊断。测试时，通常要测试充电电压、充电电流和二极管整流器的电压波形。

5.4.1 充电电压的测试

发电机的输出电压通常被一个调节器控制，而在有些车型上是被一个模块进行控制的。这种调节器除了把交流信号转换成直流信号以外，还限制着最高的充电电压。

以下是影响通电参数的五个原因。

（1）环境温度：由于在低温时充电较难，因而在低温时需要较高的充电电压。

（2）检测过程中加在蓄电池上的电负荷：如果车辆的用电需求大，那充电电压就会减少。

（3）蓄电池的使用年限：旧的蓄电池充电很难，因而要求较高的充电电压。

（4）蓄电池的充电状态：如果蓄电池充电不足，那发电机输出电压会降低。

（5）蓄电池中电解液的容量和质量：电解液量不足或被污染都将增加系统的充电电压。

这种测试程序测试的是发电机的输出电压，对充电系统的测试可避免对蓄电池、发电机、电缆的不必要的更换，从而减少车辆的返修率。通常情况下是用万用表进行测试，当然利用示波器或发动机综合分析仪也可以进行测试。

一、连接和安装万用表

（1）打开万用表的电源开关，选择直流电压测试挡位。

（2）把万用表的 COM 探针连接到蓄电池负极接线柱上。

（3）把万用表的红色检测探针连接到蓄电池的正极接线柱上。

二、进行测试

在进行发电机的输出电压测试前，先进行蓄电池静态充电检测和蓄电池的加载测试。

目视检查所有发电机与蓄电池的连接情况。检查发电机的皮带是否过松。关闭所有的用电器，然后起动发动机，保持发动机以 2500r/min 运转大约 3min，然后检查发电机的输出电压。

三、测试结果的分析

发电机的输出电压应比蓄电池在点火开关关闭时的电压高出 0.5~2V，大于 2V 表明发电机很可能过度充电，而小于 0.5V 很可能就不会充电。不同的车型充电系统具有不同的充电参数。

如果充电电压过高，可能的原因包括蓄电池已经饱和或者蓄电池严重损坏。

如果充电电压过低，可能的原因包括蓄电池严重亏电、电解液密度不合理、电极短路、汽车用电器打开过多、发电机工作不良、发电机皮带打滑。

5.4.2 充电电流的测试

这种测试程序可以同时对发电机的输出电压和输出电流进行测试。这是一个很好的测试程序,因为它能检测出发电机在保持一定可接受的输出电压的同时,提供充电电流的能力。

在检查蓄电池的输出电压和输出电流时,有很多方面的因素要求考虑。参考车辆制造厂家的技术手册。了解有关发电机输出电压最高和最低限值。发电机的最高输出电流通常标记在发电机的铭牌上。通常情况下,发电机的输出电流不会达到最高限值。

一、连接和安装电流钳(以示波器为例)

由于充电电流很大,通常采用电流钳进行测量。有的电流钳上本身带有显示装置,有的需要和示波器或发动机综合分析仪配合使用才能测试出充电电流。如图5-14所示为带显示装置的电流钳,如图5-15所示为示波器和电流钳配合测试电流的示意图。

图5-14 带显示装置的电流钳

(1)选择 ELECTRIC-ALTERNATOR-VOLT/AMPS 位置,然后按 SELECT(选择)功能键。

(2)把示波器的COM探针连接到蓄电池负极接线柱上。

(3)把示波器的CH1探针连接到蓄电池的正极接线柱上。

(4)把电流检测探针接到示波器的CH2通道中,然后把它夹到发电机的输出线上;选择电流探针设置:1mV=1A,如果您使用的是其他设备,一定要保证电流探针与示波器的设置相匹配;按SELECT功能键;把电流探针调零,然后开始进行测试。

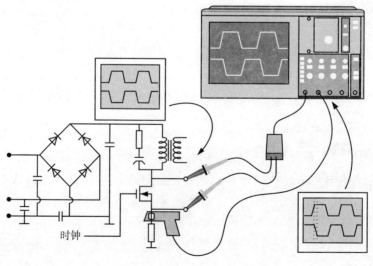

图5-15 带电流钳的示波器

二、进行测试

在进行发电机的输出电压测试前,先进行蓄电池静态充电检测和蓄电池的加载测试。目视检查所有发电机与蓄电池的连接情况。检查发电机的皮带是否过松。关闭所有的用电器,然后起动发动机,保持发动机以2500r/min运转大约3min,再检查发电机的充电电流。

三、测试结果的分析

发电机输出电流根据电器系统的需要来确定。当大功率用电器工作时,发电机的输出电流将增大。检查在测发电机的最大电容量:寻找发电机壳体上的最大电流容量标定量或检查车辆制造厂的维修信息。如果发电机不能向蓄电池充电,使用一个蓄电池放电测试器在2500r/min 的发动机工况条件下给蓄电池加载。此时调节器应能感知这种载荷,进而增加发电机的输出电流。如果输出电流不正常,那就表明充电系统含有故障。

如果充电电流过大,可能的原因包括蓄电池严重亏电、电解液密度不合适、电极短路、汽车用电器打开过多等。

如果充电电流过小,可能的原因包括发电机损坏、发电机皮带打滑、蓄电池充电容量已经饱和等。

5.4.3 二极管整流器性能的测试

多年来对发电机的一种有效的测试手段是脉动电压测试,这种测试多利用发动机分析仪上的点火示波仪功能来测试,这种数字式动态示波仪能在很短时间内完成该项测试。它测试的是发电机中二极管的工作性能。当蓄电池经常损坏或系统电压值特别低的时候,利用这种测试就很容易发现其中的问题。下面以汽车专用示波器为例,讲解二极管整流器性能的测试。

一、连接和安装示波器

(1)选择 ELECTRIC-ALTERNATION-DIODE CHECK 位置,然后按 SELECT(选择)功能键。

(2)把示波器的 COM 探针连接到蓄电池负极接线柱上,最好是连接到发电机的壳体上,因为这样可获得更清晰的波形。

(3)把示波器的 CH1 探针连接到蓄电池的正极接线柱上,最好是连接到发电机的正极输出线上。

(4)按 SELECT 功能键。

二、进行测试

打开点火开关,打开前照灯,把空调或加热系统的风机打到高挡位,打开刮水器和后窗除雾器,维持这种状态大约3min,以去除蓄电池表面的浮电。然后起动发动机维持怠速运转。

三、波形分析

如果发电机的二极管性能良好,在示波器的屏幕上就会出现类似于图5-16中的波形。这种波形应特别均匀、平滑。损坏的二极管将会使屏幕上的波形出现特别明显地向下的钉状波,钉状波的振幅是正常波形的2~3倍,如图5-17所示。

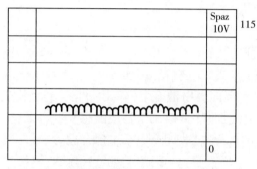

图5-16 二极管整流器正常工作时的测试波形

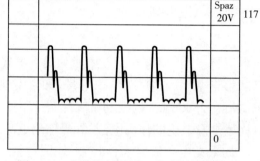

图5-17 二极管整流器异常工作时的测试波形

当发电机向蓄电池充电时,原本圆滑的波形将变得带有尖的棱角(通常发生在波形的左边),这主要是由于调节器通过改变磁场强度减轻了发电机的载荷。如果发电机向蓄电池充电过快,将不会得到一个很理想的二极管波形,此时可利用蓄电池放电检测仪给蓄电池加一个小的负荷,这将有助于防止调节器产生反冲电压,使测试能顺利进行。

理 论 测 试

一 填空题

1. 汽车空调系统常见的故障现象有 _____、_____、_____ 等。
2. 在汽车维修作业过程中,常用的空调系统检漏仪有 _____、_____ 两种。
3. 在汽车维修作业过程中,常用的空调系统检漏方法有 _____、_____、_____、_____ 等。
4. 在向空调系统添注制冷剂时,从高压管路注入的制冷剂为 _____ 态,而从低压管路注入的制冷剂为 _____ 态,此时需要靠空调系统的运行来完成制冷剂的添加。
5. 起动系统常见的故障现象有 _____、_____、_____ 等。
6. 充电系统常见的故障现象有 _____、_____、_____ 等。

二 选择题

1. 如果汽车空调系统的视液镜下有少量气泡出现,每隔1~2s就可以看到气泡,说明 _____。

(A) 制冷剂量合适　　　　(B) 制冷剂量不足　　　　(C) 制冷剂量过多

2. 在测量空调系统压力时，结果发现低压侧压力高、高压侧压力低，以下哪个原因不会造成这种故障_____。

(A) 压缩机皮带打滑　　(B) 压缩机内部磨损泄漏　　(C) 膨胀阀堵塞

3. 在测量空调系统压力时，结果发现低压侧压力低、高压侧压力低，以下哪个原因不会造成这种故障_____。

(A) 压缩机皮带打滑　　(B) 系统内制冷剂不足　　(C) 膨胀阀堵塞

三 判断题

1. 空调压缩机电磁离合器电刷组件故障或磨损会造成系统不制冷。（　　）
2. 空调压缩机损坏会造成汽车空调系统不制冷。（　　）
3. 蓄电池电压过低会造成空调系统制冷不足。（　　）
4. 空调压缩机电磁离合器打滑会造成空调系统制冷不足。（　　）
5. 空调循环系统内有空气会造成空调系统制冷不足。（　　）
6. 空调循环系统内制冷剂量过多会造成空调系统制冷不足。（　　）
7. 汽车安全系统在点火开关未关闭的情况下可以进行拆装更换。（　　）

四 问答题

1. 如何检查空调制冷剂量是否符合要求？

2. 如何检查空调系统的压力是否符合要求？

3. 空调系统常见的泄漏点有哪些？

参 考 文 献

[1] 崔选盟.汽车故障诊断技术[M].北京：人民交通出版社,2005.
[2] 邹长庚.现代汽车电子控制系统构造原理与故障诊断（下）[M].北京：北京理工大学出版社,2000.
[3] 于栋国.汽车电脑板端子功能速查图册（一）[M].北京：机械工业出版社,2009.
[4] 朱军.汽车故障诊断方法[M].北京：人民交通出版社,2008.
[5] 李桐.新编桑塔纳系列轿车结构与使用维修[M].北京：金盾出版社,2003.

人民交通出版社汽车类中职教材部分书目

书号	书名	作者	定价（元）	出版时间	课件
一、全国交通运输职业教育教学指导委员会规划教材　教育部中等职业教育汽车专业技能课教材					
978-7-114-12216-3	汽车文化	李青、刘新江	38.00	2018.06	有
978-7-114-12517-1	汽车定期维护	陆松波	39.00	2018.03	有
978-7-114-12170-8	汽车机械基础	何向东	37.00	2018.08	有
978-7-114-12648-2	汽车电工电子基础	陈文均	36.00	2018.01	有
978-7-114-12241-5	汽车发动机机械维修	杨建良	25.00	2017.03	有
978-7-114-12383-2	汽车传动系统维修	曾丹	22.00	2017.08	有
978-7-114-12369-6	汽车悬架、转向与制动系统维修	郭碧宝	31.00	2018.05	有
978-7-114-12371-9	汽车发动机电器与控制系统检修	姚秀驰	33.00	2017.03	有
978-7-114-12314-6	汽车车身电气设备检修	占百春	22.00	2017.03	有
978-7-114-12467-9	汽车发动机及底盘常见故障的诊断与排除	杨永先	25.00	2017.03	有
978-7-114-12428-0	汽车自动变速器维修	王健	23.00	2017.03	有
978-7-114-12225-5	汽车网络控制系统检修	毛叔平	29.00	2017.03	有
978-7-114-12193-7	新能源汽车结构与检修	陈社会	38.00	2018.02	有
978-7-114-12209-5	汽车检测与诊断技术	蒋红梅、吴国强	26.00	2017.03	有
978-7-114-12565-2	汽车检测设备的使用与维护	刘宣传、梁钢	27.00	2017.03	有
978-7-114-12374-0	汽车维修接待实务	王彦峰	30.00	2017.06	有
978-7-114-12392-4	汽车保险与理赔	荆叶平	32.00	2018.09	有
978-7-114-12177-7	汽车维修基础	杨承明	26.00	2017.03	有
978-7-114-12538-6	汽车商务礼仪	赵颖	32.00	2017.03	有
978-7-114-12442-6	汽车销售流程	李雪婷	30.00	2017.06	有
978-7-114-12488-4	汽车配件基础知识	杨二杰	20.00	2017.03	有
978-7-114-12546-1	汽车配件管理	吕琪	33.00	2017.03	有
978-7-114-12539-3	客户关系管理	喻媛	30.00	2017.03	有
978-7-114-12446-4	汽车电子商务	李晶	30.00	2017.03	有
978-7-114-13054-0	汽车使用与维护	李春生	28.00	2017.04	有
978-7-114-12382-5	机械识图	林治平	24.00	2017.03	有
978-7-114-12804-2	汽车车身电气系统拆装	张炜	35.00	2017.03	有
978-7-114-12190-6	汽车材料	陈虹	29.00	2017.02	有
978-7-114-12466-2	汽车钣金工艺	林育彬	37.00	2017.03	有
978-7-114-12286-6	汽车车身与附属设备	胡建富、马涛	22.00	2017.03	有
978-7-114-12315-3	汽车美容	赵俊山	20.00	2017.03	有
978-7-114-12144-9	汽车构造	齐忠志	39.00	2017.08	有
978-7-114-12262-0	汽车涂装基础	易建红	30.00	2017.04	有
978-7-114-13290-2	汽车美容与装潢经营	邵伟军	28.00	2017.04	有
二、中等职业教育国家规划教材					
978-7-114-12992-6	机械基础（少学时）（第二版）	刘新江、袁亮	34.00	2018.05	有
978-7-114-12872-1	汽车电控发动机构造与维修（第三版）	王囤	32.00	2018.05	有
978-7-114-12902-5	汽车发动机构造与维修（第三版）	张嫣、苏畅	35.00	2017.10	有
978-7-114-12812-7	汽车底盘构造与维修（第三版）	王家青、孟华霞、陆志琴	39.00	2018.05	有
978-7-114-12903-2	汽车电气设备构造与维修（第三版）	周建平	43.00	2017.08	有
978-7-114-12820-2	汽车自动变速器构造与维修（第三版）	周志伟、韩彦明、顾雯斌	29.00	2018.04	有
978-7-114-12845-5	汽车使用性能与检测（第三版）	杨益明、郭彬	25.00	2017.11	有
978-7-114-12684-0	汽车材料（第三版）	周燕	31.00	2017.01	有
三、新能源汽车技术专业职业教育创新规划教材					
978-7-114-13806-5	新能源汽车概论	吴晓斌、刘海峰	28.00	2018.08	有
978-7-114-13778-5	新能源汽车高压安全与防护	赵金国、李治国	30.00	2017.05	有
978-7-114-13813-3	新能源汽车动力电池与驱动电机	曾鑫、刘涛	39.00	2018.05	有
978-7-114-13822-5	新能源汽车电气技术	唐勇、王亮	35.00	2017.06	有
978-7-114-13814-0	新能源汽车维护与故障诊断	包科杰、徐利强	33.00	2018.05	有
四、教育部职业教育与成人教育司推荐教材（技能型紧缺人才培养培训教材）					
978-7-114-11700-8	汽车文化（第二版）	屠卫星	35.00	2017.06	有
978-7-114-12394-8	汽车认识实训（第二版）	宋麓明	12.00	2018.05	有
978-7-114-11544-8	汽车机械基础（第二版）	凤勇	39.00	2017.12	有

书号	书名	作者	定价(元)	出版时间	课件
978-7-114-12395-5	钳工实训（第二版）	石德勇	15.00	2017.06	有
978-7-114-13199-8	汽车电工与电子基础（第二版）	任成尧	25.00	2016.09	有
978-7-114-14271-0	汽车电工电子基础（第三版）	张成利、金星	34.00	2018.04	有
978-7-114-08594-9	汽车发动机构造与维修（新编版）	王会、刘朝红	33.00	2016.05	有
978-7-114-09157-5	汽车发动机构造与维修习题集	邵伟军、李玉明	18.00	2016.05	配答案
978-7-114-14454-7	汽车底盘构造与维修（第三版）	从树林、庄成莉	34.00	2018.06	有
978-7-114-09160-5	汽车底盘构造与维修习题集	陈敬渊、刘常俊	25.00	2015.07	配答案
978-7-114-14303-8	汽车电气设备构造与维修（第三版）		35.00	2018.05	有
978-7-114-09156-8	汽车电气设备构造与维修习题集	杜春盛、席梦轩	18.00	2018.03	配答案
978-7-114-12242-2	汽车典型电路分析与检测	宋波舰	45.00	2015.08	有
978-7-114-11808-1	汽车典型电控系统构造与维修（第二版）	解福泉	38.00	2016.12	
978-7-114-12450-1	汽车车身电气及附属电气设备检修（第二版）	韩飒	36.00	2015.10	有
978-7-114-14981-8	汽车故障诊断技术（第三版）	戈国鹏、赵龙	25.00	2018.10	有
978-7-114-11750-3	汽车安全驾驶技术（第二版）	范立	39.00	2016.05	有
978-7-114-08749-3	汽车实用英语（新编版）	赵金明、林振江	18.00	2018.05	有
978-7-114-13864-5	汽车涂装技术（第二版）	李扬	30.00	2017.09	有
978-7-114-12871-4	汽车车身修复技术（第二版）	黄平	26.00	2018.06	
978-7-114-13865-2	汽车维修业务管理（第二版）	谢永东	16.00	2017.07	有
7-114-05880-2	大型运输车辆发动机构造与维修	彭运钧	20.50	2013.07	
7-114-05860-8	大型运输车辆底盘构造与维修	熊建国	14.00	2017.01	
978-7-114-14017-4	汽车维修技术（第二版）	刘振楼	27.00	2017.09	有
五、国家示范性中等职业学校重点建设专业教材					
978-7-114-13833-1	汽车基础电器实训教材（第二版）	李东江、汪胜国、王成波	22.00	2017.06	
978-7-114-13953-6	▲汽车发动机维修实训教材（第二版）	朱军、汪胜国、黄元杰	34.00	2017.07	
978-7-114-14020-4	▲汽车发动机电控系统故障诊断实训教材（第二版）	汪胜国、陈建惠	33.00	2017.07	
978-7-114-13597-2	▲汽车维护实训教材（第二版）	朱军、汪胜国、王瑞君	34.00	2018.04	
978-7-114-13508-8	汽车维修基础技能实训教材（第二版）	朱军、汪胜国、陆志琴	32.00	2018.05	
978-7-114-13854-6	▲汽车底盘和车身电器检测实训教材（第二版）	汪胜国、李东江、方志英	19.00	2018.06	
978-7-114-11101-3	汽车电器维修理实一体化教材	王成波、忻状存	32.00	2016.06	
978-7-114-11417-5	汽车底盘维修理实一体化教材	郑军强	43.00	2018.03	
978-7-114-11510-3	汽车自动变速维修理实一体化教材	杨婷	22.00	2014.09	
978-7-114-11420-5	汽车空调系统维修理实一体化教材	方作棋	20.00	2018.03	
978-7-114-11421-2	汽车发动机性能检测理实一体化教材	颜世凯	30.00	2014.09	
978-7-114-12530-0	汽车钣金理实一体化教材	林育彬	30.00	2018.05	有
978-7-114-12525-6	汽车喷漆理实一体化教材	葛建峰、叶诚昕	30.00	2018.04	有
六、中等职业学校汽车运用与维修专业新课程教学用书					
978-7-114-10793-1	▲汽车发动机构造与拆装工作页（第二版）	武华、武剑飞	32.00	2017.07	
978-7-114-10771-9	▲汽车底盘构造与拆装工作页（第二版）	武华、何才	26.00	2017.11	
978-7-114-10719-1	汽车自动变速器维修工作页（第二版）	巫兴宏、齐忠志	21.00	2017.11	
978-7-114-10768-9	汽车发动机电器维修工作页（第二版）	林文工、李琦	24.00	2016.07	
978-7-114-10837-2	汽车发动机控制系统检测与维修工作页（第二版）	陈高路、蔡北勤	40.00	2016.11	
978-7-114-10776-4	汽车传动系统维修工作页（第二版）	邱志华、张发	24.00	2017.08	
978-7-114-10777-1	汽车制动系统维修工作页（第二版）	庞柳军、曾晖泽	24.00	2017.08	
978-7-114-10739-9	汽车空调系统维修工作页（第二版）	林志伟	28.00	2016.12	
978-7-114-10794-8	汽车悬架与转向系统维修工作页（第二版）	刘付金文、徐正国	24.00	2017.06	
978-7-114-10700-9	汽车车身电器维修工作页（第二版）	蔡北勤	24.00	2017.08	
978-7-114-10699-6	汽车发动机机械维修工作页（第二版）	刘建平、段群	25.00	2018.09	

▲为中等职业教育改革创新示范教材。咨询电话：010-85285962、85285977。咨询QQ：616507284、99735898。